5 DICAS PARA COMEÇAR

1) CÓMO RESOLVER LAS SOPA DE LETRAS

Os puzzles têm um formato clássico:

- As palavras estão escondidas sem espaços ou hífenes,...
- Orientação: As palavras podem ser escritas para a frente, para trás, para cima, para baixo ou na diagonal (podem ser invertidas).
- As palavras podem sobrepor-se ou intersectar-se.

2) APRENDIZAGEM ACTIVA

Ao lado de cada palavra há um espaço para anotar a tradução. Para encorajar a aprendizagem activa, um **DICIONÁRIO** no final desta edição permitir-lhe-á verificar e expandir os seus conhecimentos. Procure e anote as traduções, encontre-as no puzzle e adicione-as ao seu vocabulário!

3) MARCAR AS PALAVRAS

Pode inventar o seu próprio sistema de marcação - talvez já use um? Pode também, por exemplo, marcar palavras difíceis de encontrar com uma cruz, palavras favoritas com uma estrela, palavras novas com um triângulo, palavras raras com um diamante, e assim por diante.

4) ESTRUTURANDO A APRENDIZAGEM

Esta edição oferece um **CADERNO DE NOTAS** prático no final do livro. Nas férias, em viagem ou em casa, pode facilmente organizar os seus novos conhecimentos sem a necessidade de um segundo caderno!

5) JÁ TERMINOU TODAS AS GRELHAS?

Nas últimas páginas deste livro, na secção **DESAFIO FINAL**, encontrará um jogo gratuito!

Rápido e fácil! Consulte a nossa colecção de livros de actividades para o seu próximo momento de diversão e **aprendizagem**, a apenas um clique de distância!

Encontre o seu próximo desafio em:

BestActivityBooks.com/MeuProximoLivro

Aos vossos lugares, preparem-se...Vão!

Sabia que existem cerca de 7.000 línguas diferentes no mundo? As palavras são preciosas.

Adoramos línguas e temos trabalhado arduamente para criar livros da mais alta qualidade para si. Os nossos ingredientes?

Uma selecção de tópicos adequados à aprendizagem, três boas porções de entretenimento, e depois acrescentamos uma colherada de palavras difíceis e uma pitada de palavras raras. Servimo-los com amor e máximo divertimento, para que possa resolver os melhores jogos de palavras e se divirta a aprender!

A sua opinião é essencial. Pode participar activamente no sucesso deste livro, deixando-nos um comentário. Gostaríamos de saber o que mais lhe agradou nesta edição.

Aqui está um link rápido para a sua página de encomendas:

BestBooksActivity.com/Avaliacoes50

Obrigado pela vossa ajuda e divirtam-se!

A Equipa Inteira

1 - Dirigindo

```
F  É  K  E  K  N  X  G  J  T  W  T  G  R
V  O  H  F  A  G  F  U  Á  H  Z  É  H  H
I  E  R  D  B  L  K  T  I  Z  Z  R  M  L
G  T  S  G  C  J  Z  C  X  T  H  K  O  Z
Y  S  E  Z  A  Ú  T  A  U  T  Ó  É  T  B
Á  A  K  G  É  L  B  N  B  M  V  P  O  I
Z  F  G  Y  A  L  O  G  O  S  I  G  R  Z
A  L  A  G  Ú  T  Y  M  W  O  R  A  O  T
T  B  A  L  E  S  E  T  D  X  U  R  I  O
M  O  T  O  R  K  E  R  É  K  P  Á  R  N
E  N  G  E  D  É  L  Y  M  M  P  Z  L  S
S  Z  Á  L  L  Í  T  Á  S  H  G  S  J  Á
R  G  O  Z  C  Ü  Z  E  M  A  N  Y  A  G
S  R  E  N  D  Ő  R  S  É  G  X  E  B  V
```

BALESET	MOTORKERÉKPÁR
AUTÓ	MOTOR
ÜZEMANYAG	GYALOGOS
VIGYÁZAT	VESZÉLY
ÚT	RENDŐRSÉG
FÉKEK	UTCA
GARÁZS	BIZTONSÁG
GÁZ	SZÁLLÍTÁS
ENGEDÉLY	FORGALOM
TÉRKÉP	ALAGÚT

2 - Atividades

```
P  I  J  C  E  É  Z  K  K  D  B  G  U  O
U  O  Z  S  A  R  K  É  S  Z  S  É  G  L
M  T  F  G  H  D  E  Z  W  Z  N  X  K  V
Ö  Ú  A  H  A  E  R  M  F  R  P  K  E  A
J  R  Z  G  L  K  Á  Ű  Á  P  R  F  R  S
Á  Á  Ö  W  Á  E  M  V  U  G  D  Y  T  Á
T  Z  O  M  S  K  I  E  B  U  I  M  É  S
É  Á  D  U  Z  P  A  S  S  K  L  A  S  J
K  S  G  V  A  D  Á  S  Z  A  T  D  Z  B
O  N  V  L  T  Y  R  É  Y  W  Y  E  K  D
K  H  S  W  A  I  F  G  Z  P  O  K  E  K
R  F  É  N  Y  K  É  P  E  Z  É  S  D  E
F  E  S  T  M  É  N  Y  N  I  E  K  É  M
M  Ű  V  É  S  Z  E  T  J  B  J  B  S  D
```

MŰVÉSZET	KERTÉSZKEDÉS
KÉZMŰVESSÉG	JÁTÉKOK
VADÁSZAT	OLVASÁS
TÚRÁZÁS	MÁGIA
KERÁMIA	HALÁSZAT
FÉNYKÉPEZÉS	FESTMÉNY
KÉSZSÉG	ÖRÖM
ÉRDEKEK	

3 - Churrascos

```
I  P  S  G  F  C  S  A  L  Á  D  B  B  W
C  U  N  Y  P  A  R  A  D  I  C  S  O  M
Z  S  Y  G  Y  Ü  M  Ö  L  C  S  M  R  V
G  I  I  O  G  T  N  S  F  Á  J  D  S  A
E  Y  K  R  W  V  S  T  E  G  T  Z  R  C
V  G  E  R  K  Z  Ó  É  U  A  J  Á  A  S
L  I  B  R  M  E  G  H  Í  V  Á  S  K  O
R  E  L  O  M  N  Y  S  R  G  T  A  É  R
S  Z  Ó  S  Z  E  Z  É  C  R  É  E  S  A
N  Y  Á  R  M  T  K  G  I  I  K  B  E  N
F  O  R  R  Ó  B  B  E  L  L  O  É  K  M
K  G  D  B  U  C  L  O  K  L  K  D  I  X
F  A  Y  B  P  D  I  I  L  K  M  U  Z  H
Z  Ö  L  D  S  É  G  E  K  R  A  W  A  E
```

EBÉD	JÁTÉKOK
MEGHÍVÁS	ZÖLDSÉGEK
GYERMEKEK	SZÓSZ
KÉSEK	ZENE
CSALÁD	BORS
ÉHSÉG	FORRÓ
CSIRKE	SÓ
GYÜMÖLCS	SALÁTÁK
GRILL	PARADICSOM
VACSORA	NYÁR

4 - Pesca

```
F  I  F  Ó  C  E  Á  N  R  L  K  N  S  L
E  K  O  S  Á  R  T  Z  X  P  C  W  T  W
B  T  L  N  T  Ü  R  E  L  E  M  D  R  Z
W  A  Y  H  O  R  O  G  N  Y  G  R  A  R
T  W  Ó  F  L  C  X  E  E  U  A  Ó  N  S
F  E  L  S  Z  E  R  E  L  É  S  T  D  E
S  U  K  O  P  O  L  T  Y  Ú  K  A  K  G
G  Ú  S  Z  B  V  A  S  Z  A  K  Á  C  S
Y  B  L  Z  Á  L  L  K  A  P  O  C  S  T
C  A  X  Y  O  S  B  Y  T  Ó  P  F  J  Ú
N  K  Y  V  Y  N  B  I  R  H  H  F  M  L
V  J  R  J  O  Z  Y  E  C  S  A  L  I  Z
Í  S  L  X  M  K  B  O  Y  Y  I  J  M  Á
Z  J  G  É  V  S  Z  A  K  K  F  L  Ó  S
```

VÍZ	CSALI
USZONYOK	TÓ
HAJÓ	ÁLLKAPOCS
KOPOLTYÚK	ÓCEÁN
KOSÁR	TÜRELEM
SZAKÁCS	SÚLY
FELSZERELÉS	STRAND
TÚLZÁS	FOLYÓ
DRÓT	ÉVSZAK
HOROG	

5 - Geologia

```
S  Z  T  A  L  A  G  M  I  T  O  K  K  C
F  Ö  L  D  R  E  N  G  É  S  R  N  O  S
E  T  Á  Z  Ó  N  A  P  X  S  É  C  R  E
E  T  V  Z  S  B  R  G  L  M  T  I  A  P
X  F  A  V  U  L  K  Á  N  M  E  O  L  P
E  R  Ó  Z  I  Ó  T  A  S  B  G  C  L  K
B  K  H  I  X  X  A  O  L  D  N  I  O  Ő
A  Ő  V  P  S  R  I  G  A  C  C  K  T  C
R  T  S  A  V  F  O  S  S  Z  I  L  I  S
L  J  V  N  T  E  J  F  Z  K  F  U  J  K
A  K  O  N  T  I  N  E  N  S  N  S  M  V
N  S  D  Y  D  A  G  L  Z  S  O  O  V  A
G  V  Ó  M  U  F  E  N  N  S  Í  K  P  R
K  R  I  S  T  Á  L  Y  O  K  U  W  L  C
```

SAV	SZTALAGMITOK
RÉTEG	FOSSZILIS
BARLANG	LÁVA
KALCIUM	KŐ
CIKLUSOK	FENNSÍK
KONTINENS	KVARC
KORALL	SÓ
KRISTÁLYOK	FÖLDRENGÉS
ERÓZIÓ	VULKÁN
CSEPPKŐ	ZÓNA

6 - Móveis

```
S  Í  R  Ó  A  S  Z  T  A  L  U  K  W  M
P  Z  E  G  F  T  X  P  Á  R  N  A  U  A
U  U  É  O  K  Ü  N  F  U  T  O  N  I  T
K  U  L  K  F  D  G  M  G  U  A  A  C  R
F  K  H  W  O  U  R  G  W  A  K  P  K  A
O  Ü  U  Z  T  M  E  P  Ő  W  P  É  O  C
S  X  G  E  E  K  G  Á  K  Á  Z  W  M  J
P  A  D  G  L  Y  G  R  K  A  G  K  Ó  C
O  W  J  P  Ö  P  S  N  R  G  K  Y  D  A
L  X  I  D  W  N  S  Á  T  Ü  K  Ö  R  H
C  E  E  X  G  A  Y  K  P  Y  D  N  R  C
O  H  S  L  Á  G  Y  Ö  N  B  T  W  K  X
K  S  Z  Ő  N  Y  E  G  K  F  X  L  J  U
K  Ö  N  Y  V  E  S  P  O  L  C  W  B  C
```

PÁRNA	KÖNYVESPOLC
PÁRNÁK	FUTON
PAD	FÜGGŐÁGY
SZÉK	ÍRÓASZTAL
ÁGY	FOTEL
MATRAC	POLCOK
FÜGGÖNYÖK	KANAPÉ
KOMÓD	SZŐNYEG
TÜKÖR	

7 - Tempo

```
E  Z  K  B  P  T  M  W  F  G  J  I  F  V
L  E  F  R  H  E  A  Ú  Z  H  Ö  O  G  U
S  P  D  U  R  V  R  J  L  É  V  J  R  L
Z  N  A  P  E  X  V  C  P  T  Ő  F  R  F
Á  A  D  E  G  P  I  L  L  A  N  A  T  B
Z  P  D  O  G  B  X  R  T  H  Ó  N  A  P
A  T  Z  É  E  É  V  T  I  Z  E  D  T  S
D  Á  B  V  L  E  L  Ő  T  T  W  O  V  I
M  R  T  E  G  N  A  P  M  A  D  A  F  W
O  L  D  S  J  É  J  S  Z  A  K  A  G  S
S  I  H  R  D  V  J  D  H  W  J  C  L  D
T  X  P  I  P  E  Y  U  F  F  O  O  C  A
M  F  W  A  N  S  Ó  R  A  W  D  K  I  Z
Z  F  Z  D  G  R  Y  W  E  A  D  W  C  A
```

MOST	REGGEL
ÉV	DÉL
ELŐTT	HÓNAP
ÉVES	PERC
NAPTÁR	PILLANAT
ÉVTIZED	ÉJSZAKA
NAP	TEGNAP
JÖVŐ	MÚLT
MA	HÉT
ÓRA	SZÁZAD

8 - Astronomia

```
K  M  C  H  O  L  D  M  R  D  N  C  N  S
H  B  E  I  T  K  A  T  A  C  P  L  X  Z
F  É  G  T  C  N  O  V  K  S  S  K  N  U
O  M  R  P  E  N  L  S  É  I  F  O  R  P
G  V  Y  U  U  O  U  C  T  L  K  Z  G  E
Y  J  E  J  H  Ű  R  S  A  L  Ö  M  A  R
A  S  Z  T  E  R  O  I  D  A  D  O  L  N
T  F  L  A  Y  H  D  L  N  G  F  S  A  Ó
K  É  Ö  B  A  A  J  L  H  K  O  Z  X  V
O  Z  G  L  C  J  N  A  Y  É  L  B  I  A
Z  K  F  I  D  Ó  P  G  W  P  T  M  S  B
Á  I  Z  M  X  S  W  Á  B  O  L  Y  G  Ó
S  U  G  Á  R  Z  Á  S  U  X  C  K  A  X
Ü  S  T  Ö  K  Ö  S  Z  U  U  C  E  C  T
```

ASZTEROIDA	RAKÉTA
ŰRHAJÓS	GALAXIS
CSILLAGÁSZ	HOLD
ÉGI	METEOR
ÉG	KÖDFOLT
ÜSTÖKÖS	BOLYGÓ
CSILLAGKÉP	SUGÁRZÁS
KOZMOSZ	SZUPERNÓVA
FOGYATKOZÁS	FÖLD

9 - Circo

```
E K M F B O H Ó C F R I L B
P L L M E Ű N J W X S A Á P
S X E Y B Z V U O K Á M T V
C E H F G S S É P K T U V R
J E G Y Á O R K S O O C Á M
S A J K T N É Z Ő Z R O N J
M P A C U G T O O K A Z Y E
Á A E U T L L K R I K E O L
G R J K Y Ő T T O C R N S M
I Á O O Z R R I S M O E F E
A D O R M O Ü G Z M B V J Z
E É D K A A K R L P A L L C
X G Y A H V K I Á C T H L M
Á L L A T O K S N A A Y Y O
```

AKROBATA
ÁLLATOK
JEGY
PARÁDÉ
CUKORKA
ELEFÁNT
NÉZŐ
LÁTVÁNYOS
OROSZLÁN
MAJOM

MÁGIA
ZSONGLŐR
BŰVÉSZ
ZENE
BOHÓC
SÁTOR
TIGRIS
JELMEZ
TRÜKK

10 - Acampamento

```
V B T J U V I J W F G K D F
R A J E R D Ő R R O V A R E
J O D I Z J T L Á F P L V L
J O C Á W I R N X N E A L S
F Á K S S T P J U K Y P B Z
W O L I L Z D D N H E T Ó E
F Á O D K Z A S Á T O R Ű R
J L J M X M V T K Ö T É L E
G L K A L A N D Z J P O B L
K A B I N T T É R K É P R É
H T L P J Ű H L Z K E N U S
Y O J K O Z E L E W D B D P
G K L N F Ü G G Ő Á G Y S Z
O G J D P X Y B J J N X E U
```

ÁLLATOK   ERDŐ
KALAND   TŰZ
FÁK   ROVAR
IRÁNYTŰ   TÓ
KABIN   HOLD
VADÁSZAT   FÜGGŐÁGY
KENU   TÉRKÉP
KALAP   HEGY
KÖTÉL   SÁTOR
FELSZERELÉS

11 - Emoções

```
G  N  Ö  R  C  J  H  Z  K  B  S  F  I  K
V  Y  Y  R  H  R  A  A  I  O  Z  É  Z  S
U  U  E  U  Ö  R  R  V  P  L  I  L  G  Z
K  G  L  N  G  M  A  A  H  D  M  E  A  O
B  O  É  U  G  A  G  R  C  O  P  L  T  M
B  D  G  X  I  É  L  T  A  G  Á  E  O  O
O  T  E  M  D  M  D  O  W  S  T  M  T  R
V  X  D  B  É  K  E  S  M  Á  I  U  T  Ú
H  T  E  U  H  S  P  S  É  G  A  T  U  S
J  T  T  Z  Á  A  P  Z  U  G  T  Y  O  Á
J  N  T  D  L  K  E  D  V  E  S  S  É  G
M  L  U  C  Á  T  A  R  T  A  L  O  M  I
O  Y  X  B  S  U  N  A  L  O  M  K  W  J
S  Z  E  R  E  T  E  T  Z  B  F  Z  V  D
```

ÖRÖM	FÉLELEM
SZERETET	BÉKE
IZGATOTT	HARAG
BOLDOGSÁG	ELÉGEDETT
KEDVESSÉG	SZIMPÁTIA
NYUGODT	GYENGÉDSÉG
TARTALOM	UNALOM
ZAVART	NYUGALOM
HÁLÁS	SZOMORÚSÁG

12 - Ficção Científica

```
R  E  J  T  É  L  Y  E  S  U  V  D  R  F
K  K  Ö  N  Y  V  E  K  E  S  I  Y  K  U
X  É  J  Ó  S  L  A  T  K  A  L  S  S  T
E  K  P  E  B  T  Ű  Z  H  I  Á  T  Z  U
J  R  Z  Z  B  O  L  Y  G  Ó  G  O  É  R
M  O  Z  I  E  T  Á  V  O  L  I  P  L  I
G  B  P  W  N  L  G  A  L  A  X  I  S  S
C  B  X  A  G  K  E  V  Y  J  T  A  Ő  Z
F  A  N  T  A  S  Z  T  I  K  U  S  S  T
G  N  M  O  S  N  S  H  B  C  R  L  É  I
V  Á  W  M  Z  L  H  C  G  E  O  D  G  K
T  S  J  I  U  T  Ó  P  I  A  L  E  E  U
T  E  C  H  N  O  L  Ó  G  I  A  I  S  S
I  L  L  Ú  Z  I  Ó  R  O  B  O  T  O  K
```

ATOMI	ILLÚZIÓ
MOZI	KÉPZELETBELI
TÁVOLI	KÖNYVEK
DYSTOPIA	REJTÉLYES
ROBBANÁS	VILÁG
SZÉLSŐSÉGES	JÓSLAT
FANTASZTIKUS	BOLYGÓ
TŰZ	ROBOTOK
FUTURISZTIKUS	TECHNOLÓGIA
GALAXIS	UTÓPIA

13 - Mitologia

```
T  L  A  T  F  H  Ő  S  S  H  A  J  M  L
F  E  S  C  G  Ő  K  B  D  A  R  F  H  I
É  R  R  W  L  S  K  G  A  L  C  H  C  M
L  Ő  E  E  F  N  N  D  Y  A  H  T  M  Á
T  V  Y  K  M  Ő  V  D  K  N  E  E  I  G
É  I  K  U  L  T  Ú  R  A  D  T  R  S  I
K  S  V  A  H  B  M  X  T  Ó  Í  E  Z  K
E  E  I  L  A  O  A  É  A  I  P  M  Ö  U
N  L  L  E  R  S  M  U  N  O  U  T  R  S
Y  K  L  G  C  S  Y  I  U  Y  S  É  N  H
S  E  Á  E  O  Z  U  P  U  N  M  S  Y  H
É  D  M  N  S  Ú  N  F  R  D  P  Z  C  I
G  É  X  D  I  A  D  A  L  M  A  S  P  K
T  S  L  A  B  I  R  I  N  T  U  S  T  H
```

ARCHETÍPUS	HŐS
FÉLTÉKENYSÉG	LABIRINTUS
VISELKEDÉS	LEGENDA
TEREMTÉS	MÁGIKUS
TEREMTMÉNY	SZÖRNY
KULTÚRA	HALANDÓ
ERŐ	VILLÁM
HARCOS	DIADALMAS
HŐSNŐ	BOSSZÚ

14 - Medições

```
J  L  J  K  M  B  R  S  Ú  L  Y  T  T  A
R  E  H  Ü  V  E  L  Y  K  D  B  O  I  U
F  L  L  Y  W  A  U  M  N  K  H  N  Z  H
N  L  B  Á  J  T  R  S  U  Z  K  N  E  A
M  É  L  Y  S  É  G  T  H  X  H  A  D  T
M  A  G  A  S  S  Á  G  R  A  M  M  E  J
J  A  H  F  O  K  O  Z  A  T  X  I  S  T
K  I  L  O  M  É  T  E  R  T  Ö  M  E  G
T  K  E  X  S  Y  Y  U  P  H  B  B  S  O
L  N  F  E  T  S  A  L  E  M  É  R  Ő  C
Z  W  M  Z  K  F  Z  G  R  B  W  W  O  E
R  G  N  W  C  J  U  N  C  I  A  W  R  M
C  E  N  T  I  M  É  T  E  R  S  O  M  S
L  I  T  E  R  K  I  L  O  G  R  A  M  M
```

MAGASSÁG	PERC
BÁJT	UNCIA
CENTIMÉTER	SÚLY
HOSSZ	HÜVELYK
TIZEDES	MÉLYSÉG
GRAMM	KVART
FOKOZAT	KILOGRAMM
LITER	KILOMÉTER
TÖMEG	TONNA
MÉRŐ	

15 - Plantas

```
N  V  D  K  B  X  B  O  T  A  N  I  K  A
G  Ö  I  M  A  T  O  Y  P  B  R  N  Y  T
Y  E  V  R  B  R  K  Y  B  G  Y  C  L  L
Ö  W  M  É  Á  Á  O  G  A  G  K  W  U  K
K  L  B  B  N  G  R  N  H  X  R  E  E  A
É  G  Y  Ó  G  Y  N  Ö  V  É  N  Y  R  K
R  O  L  F  X  A  V  F  D  V  B  B  D  T
M  K  O  D  P  T  E  I  E  K  F  A  Ő  U
O  H  M  N  B  O  T  Y  L  W  B  M  P  S
H  R  B  L  L  P  M  J  W  Á  O  B  F  Z
A  H  O  W  H  E  C  A  W  M  G  U  Ű  P
B  S  Z  I  R  O  M  Z  F  B  Y  S  C  U
R  Y  A  U  O  T  L  W  R  C  Ó  Z  O  A
P  P  T  B  O  R  O  S  T  Y  Á  N  S  N
```

BOKOR	NÖVÉNYVILÁG
FA	ERDŐ
BOGYÓ	LOMBOZAT
BAMBUSZ	FŰ
BOTANIKA	BOROSTYÁN
KAKTUSZ	KERT
GYÓGYNÖVÉNY	MOHA
BAB	SZIROM
TRÁGYA	GYÖKÉR
VIRÁG	

16 - Veículos

```
J  G  A  M  K  H  G  U  T  H  N  S  L  H
M  O  T  O  R  E  F  U  R  G  O  N  D  K
E  H  A  J  Ó  L  R  W  M  E  T  R  Ó  Y
N  L  X  C  R  I  E  É  R  I  F  G  N  R
T  C  I  R  S  K  P  V  K  O  K  Z  F  B
Ő  S  M  G  W  O  Ü  X  O  P  B  T  G  U
A  V  A  X  I  P  L  C  G  K  Á  O  Z  S
U  H  S  K  D  T  Ő  R  R  A  A  R  G  Z
T  A  U  T  Ó  E  G  T  A  M  P  A  Y  Ó
Ó  V  Z  N  Y  R  É  U  K  I  O  E  V  B
R  O  U  K  O  M  P  T  É  O  X  P  L  F
T  R  A  K  T  O  R  A  T  N  I  W  U  C
V  A  I  O  U  X  X  J  A  N  V  M  V  P
L  A  K  Ó  K  O  C  S  I  U  F  V  U  P
```

MENTŐAUTÓ   HELIKOPTER
REPÜLŐGÉP   TUTAJ
KOMP   ROBOGÓ
HAJÓ   METRÓ
KERÉKPÁR   MOTOR
KAMION   BUSZ
LAKÓKOCSI   GUMIK
AUTÓ   TAXI
RAKÉTA   TRAKTOR
FURGON

17 - Restaurante # 2

```
P  I  N  C  É  R  F  X  T  O  R  T  A  I
E  L  Ő  É  T  E  L  Ű  G  V  T  U  T  T
T  Z  O  K  L  G  C  D  S  Í  H  N  C  A
F  N  S  U  G  X  Y  A  C  Z  P  C  I  L
T  V  L  K  X  R  N  Ü  T  Y  E  H  L  N
Y  E  H  A  L  F  I  A  M  J  S  R  L  J
X  H  J  O  O  D  P  Z  S  Ö  A  N  E  U
I  J  T  É  S  Z  T  A  L  M  L  H  V  K
E  B  É  D  G  F  I  N  O  M  Á  C  E  A
Z  Ö  L  D  S  É  G  E  K  W  T  V  S  N
R  V  W  O  Z  V  H  H  W  W  A  I  Y  Á
W  T  B  R  É  Z  T  U  L  H  D  L  G  L
M  U  O  I  K  N  T  V  B  S  Ó  L  X  T
F  H  V  P  M  V  A  C  S  O  R  A  Z  X
```

EBÉD	PINCÉR
ELŐÉTEL	VILLA
VÍZ	JÉG
ITAL	VACSORA
TORTA	ZÖLDSÉGEK
SZÉK	TÉSZTA
KANÁL	HAL
FINOM	SÓ
FŰSZEREK	SALÁTA
GYÜMÖLCS	LEVES

18 - Países #2

```
F D L A O S Z A L B Á N I A
R Á G I K C Í R O R S Z Á G
A N T U K J P M M D Z Y N F
N I G É R I A K E Z Í C N X
C A U G A N D A H X R F O Y
I N D O N É Z I A F I U B L
A N E N W Y R R I N A K L I
O M E P M C J H T U F R Ó B
R N M P C I A A I D M A X A
S J B M Á Z P R M E B J J N
Z N V Z G L Á Z F A X N X O
Á S U K K F N B A C I A X N
G S Z O M Á L I A J M C D A
O R O S Z O R S Z Á G K A D
```

ALBÁNIA   LIBANON
DÁNIA   MEXIKÓ
FRANCIAORSZÁG   NEPÁL
HAITI   NIGÉRIA
INDONÉZIA   OROSZORSZÁG
ÍRORSZÁG   SZÍRIA
JAMAICA   SZOMÁLIA
JAPÁN   UKRAJNA
LAOSZ   UGANDA

19 - Cozinha

```
L Z V X K C V V T O G X M H
W C Í E F Ű S Z E R E K É Ű
U Y Z F F R Z É E L T G L T
M U F V X E I X S N A G Y Ő
Z E O G V C V S Ü Z N T H S
K O R S Ó E A V T U É I Ű Z
K B R Ő S P C B Ő K B K T E
A E A F K T S M N U U A Ő K
N P L Y Ö A K É S E K N D R
C W Ó P T F N T S A V A H É
S E J C É C T Á G R I L L N
Ó H B C N O H L L T L A X Y
F L S L Y I O T C N L K W J
Y T C S Z A L V É T A S A Z
```

KÖTÉNY
VÍZFORRALÓ
KANALAK
ENNI
MERŐKANÁL
CSÉSZÉK
FŰSZEREK
SZIVACS
KÉSEK
SÜTŐ

MÉLYHŰTŐ
VILLA
HŰTŐSZEKRÉNY
GRILL
SZALVÉTA
KORSÓ
KANCSÓ
RECEPT
TÁL

20 - Brinquedos

U	X	A	U	T	Ó	J	Á	T	É	K	O	K	K
D	K	G	E	A	H	A	J	Ó	B	Ö	R	R	E
W	É	J	T	C	G	B	A	N	J	N	O	E	R
S	P	J	X	L	L	Y	A	Z	M	Y	B	P	É
F	Z	O	I	A	T	T	A	B	U	V	O	Ü	K
B	E	J	R	B	D	A	E	G	A	E	T	L	P
V	L	S	B	D	O	K	N	W	W	K	M	Ő	Á
J	E	Y	T	A	B	E	R	M	U	M	A	G	R
F	T	R	C	É	O	S	C	V	N	T	U	É	P
L	F	U	F	R	K	E	D	V	E	N	C	P	P
K	É	Z	M	Ű	V	E	S	S	É	G	M	A	L
S	Á	R	K	Á	N	Y	K	A	M	I	O	N	U
O	P	W	O	G	M	Y	I	K	A	F	P	A	J
Z	T	P	K	Y	U	W	X	K	B	Y	D	G	V

AGYAG	AUTÓ
KÉZMŰVESSÉG	KEDVENC
REPÜLŐGÉP	KÉPZELET
HAJÓ	JÁTÉKOK
DOBOK	KÖNYVEK
KERÉKPÁR	SÁRKÁNY
LABDA	ROBOT
BABA	FESTÉKEK
KAMION	SAKK

21 - Verão

```
C  T  S  O  V  V  P  Z  C  J  K  D  S  K
W  S  E  Z  E  N  E  S  S  C  C  O  B  E
S  O  I  N  A  I  H  C  A  L  S  K  B  M
Z  H  F  L  G  B  M  X  L  V  T  J  M  P
A  L  W  A  L  E  A  L  Á  Ö  R  Ö  M  I
N  L  I  L  W  A  R  D  D  X  A  L  L  N
D  F  T  B  L  T  G  D  I  I  N  B  V  G
Á  K  P  O  T  T  H  O  N  D  D  E  B  J
L  K  Ö  N  Y  V  E  K  K  R  Ő  X  R  Y
B  A  R  Á  T  O  K  J  Á  T  É  K  O  K
T  K  I  K  A  P  C  S  O  L  Ó  D  Á  S
H  E  B  Ú  V  Á  R  K  O  D  Á  S  C  I
R  R  H  T  O  X  X  G  K  D  A  X  U  D
U  T  A  Z  Á  S  V  T  X  F  Z  Z  S  H
```

KEMPING	KÖNYVEK
ÖRÖM	TENGER
BARÁTOK	BÚVÁRKODÁS
OTTHON	ZENE
CSILLAGOK	STRAND
CSALÁD	KIKAPCSOLÓDÁS
KERT	SZANDÁL
JÁTÉKOK	UTAZÁS
SZABADIDŐ	

22 - Material de Arte

```
P A P Í R H F C V R Z F F R
A S G P A S Z T E L L I E A
K Z J Y G O A Y C R N W S D
V T Y M A O K U S O U S T Í
A A L U S G R Z E N F Z Ő R
R L M H Z T I N T A E Í Á S
E V H M T D L O E Y S N L K
L P T M Ó O S W K W T E L F
L O L A J V Í Z A R É K V C
E F F A S Z É N É D K B Á N
K A U I O U A U R K E D N A
T G K A M E R A Y B K P Y X
K R E A T I V I T Á S Z H X
Z B K L R M O T S Y G J P A
```

AKRIL

RADÍR

AKVARELLEK

AGYAG

VÍZ

SZÉK

FASZÉN

FESTŐÁLLVÁNY

KAMERA

RAGASZTÓ

SZÍNEK

KREATIVITÁS

ECSETEK

CERUZÁK

ASZTAL

OLAJ

PAPÍR

PASZTELL

TINTA

FESTÉKEK

23 - Números

```
T I Z E N N É G Y U D Y Z E
K I L E N C W H Á R O M M G
T I Z E N H É T N U L L A Y
K Z W E T I Z E N H Á R O M
T E I N N D I Z É Ú V Ö T F
I J T G E H G S G S W O Í C
Z T X T D A A E Y Z D Z Z F
E M C H Ő U E T H A T S D N
N Y O L C M L A B I W L L W
N S E O T I Z E N Ö T H J M
Y F T I Z E D E S R N Y É Y
O T I Z E N K E T T Ő H Y T
L F R Y U M R F U Y D I A U
C W H R U K E G V Z D J D K
```

ÖT	TIZENNÉGY
TIZEDES	NÉGY
TÍZ	TIZENÖT
TIZENHAT	HAT
TIZENHÉT	HÉT
TIZENNYOLC	TIZENHÁROM
KETTŐ	HÁROM
TIZENKETTŐ	EGY
KILENC	HÚSZ
NYOLC	NULLA

24 - Especiarias

```
K E S E R Ű Z E D D F É S Ó
C U R R Y Á N I Z S O D Á E
É D E S K Ö M É N Y K E F J
É R F J I H B W K S H S R R
D J O P B C M O Ö W A G Á P
E T F F U O H A M E G Y N F
S G Y T R Z R O É E Y Ö Y O
V A N Í L I A S N S M K R N
H D V Z V H A G Y M A É J G
A F K A R D A M O M S R R I
Z U X C N K O R I A N D E R
J D X N G Y Ö M B É R D B M
L C M H X B Ú F A H É J X X
L S Z E R E C S E N D I Ó L
```

SÁFRÁNY
ÉDESGYÖKÉR
FOKHAGYMA
KESERŰ
ÁNIZS
SAVANYÚ
VANÍLIA
FAHÉJ
KARDAMOM
CURRY

HAGYMA
KORIANDER
KÖMÉNY
ÉDES
ÉDESKÖMÉNY
GYÖMBÉR
SZERECSENDIÓ
BORS
ÍZ
SÓ

25 - Aniversário

```
A S J V A K V H B T G D G Ü
S J Z Y N E I M O A G A O N
D U Á Ü E K D P L N S L V N
M R K N L H Á P D U T Z I E
V E X A D E M K O L Y D O P
E S G P Y É T M G N M U Y L
S M T H Z E K E Y I V Z I É
F O J Z Í F S W T O R T A S
F O H D F V N G E T F Z C J
N A P T Á R Ó B A R Á T O K
K Á R T Y Á K K Z J O D A I
T F V V V M B F I A T A L D
I B Ö L C S E S S É G U L Ő
K Ü L Ö N L E G E S E I É V
```

VIDÁM	MEGHÍVÓK
BARÁTOK	NAP
ÉV	AJÁNDÉK
TANULNI	KÜLÖNLEGES
TORTA	BOLDOG
NAPTÁR	FIATAL
DAL	SZÜLETETT
KÁRTYÁK	BÖLCSESSÉG
ÜNNEPLÉS	IDŐ

26 - Casa

N	X	K	U	N	H	Z	G	T	C	E	F	G	V
M	E	N	N	Y	E	Z	E	T	Ü	J	W	F	K
K	T	S	N	G	W	T	U	F	S	K	P	A	U
P	R	M	M	N	A	J	T	Ó	E	T	Ö	L	L
A	W	B	Ú	T	O	R	E	T	P	V	M	R	C
D	S	I	D	C	R	H	Á	H	R	U	W	J	S
L	Z	U	H	A	N	Y	U	Z	Ű	K	B	K	O
Á	P	O	A	K	H	S	W	C	S	A	P	W	K
S	Z	Ő	N	Y	E	G	G	V	Z	N	O	R	O
K	E	R	Í	T	É	S	F	A	O	D	G	K	N
M	K	Ö	N	Y	V	T	Á	R	B	A	G	E	Y
H	W	B	N	D	R	Z	M	R	A	L	B	R	H
F	Ü	G	G	Ö	N	Y	Ö	K	C	L	A	T	A
P	K	X	N	A	H	N	X	I	A	Ó	F	K	R

KÖNYVTÁR
KERÍTÉS
KULCSOK
ZUHANY
FÜGGÖNYÖK
KONYHA
TÜKÖR
GARÁZS
ABLAK
KERT

KANDALLÓ
BÚTOR
FAL
AJTÓ
SZOBA
PADLÁS
SZŐNYEG
MENNYEZET
CSAP
SEPRŰ

27 - Vegetais

```
F  P  T  J  L  P  A  D  L  I  Z  S  Á  N
A  F  S  Á  R  G  A  R  É  P  A  S  M  A
Z  E  L  L  E  R  G  L  T  V  N  G  O  R
C  H  O  Z  P  H  O  O  P  A  I  I  G  T
E  É  R  P  V  A  C  U  M  O  F  S  Y  I
B  R  O  K  K  O  L  I  B  B  X  X  O  C
W  R  G  Y  Ö  M  B  É  R  O  A  T  R  S
J  É  B  U  R  G  O  N  Y  A  R  Ö  Ó  Ó
Z  P  H  V  B  S  A  L  Á  T  A  K  H  K
R  A  H  F  O  K  H  A  G  Y  M  A  A  A
C  E  H  G  R  S  P  E  N  Ó  T  J  G  G
W  P  T  S  S  P  M  U  W  K  I  I  Y  C
I  G  Z  E  Ó  H  A  G  Y  M  A  M  M  C
W  L  X  N  K  B  Y  P  H  E  W  D  A  Z
```

TÖK	MOGYORÓHAGYMA
ZELLER	GOMBA
ARTICSÓKA	BORSÓ
FOKHAGYMA	SPENÓT
BURGONYA	GYÖMBÉR
PADLIZSÁN	FEHÉRRÉPA
BROKKOLI	UBORKA
HAGYMA	RETEK
SÁRGARÉPA	SALÁTA

28 - Exploração

```
V F K I P T G K Á T U L R O
E E U Z E E P I L A T T J H
S L L G T V U M L N A E G O
Z F T A K É E E A U Z O Z A
É E Ú L C K R R T L Á J U O
L D R O D E J Ü O N S Z F Ú
Y E Á M A N M L K I Z P N J
E Z K O S Y F T E R E P Y V
K É D V N S F S T B G L E K
G S M A J É X É V Á B K L J
H D N D S G X G A Z V U V O
B Á T O R S Á G N Y F O J K
M E G H A T Á R O Z Á S L Y
N I S M E R E T L E N D I I
```

ÁLLATOK	TÉR
TANULNI	KIMERÜLTSÉG
TEVÉKENYSÉG	IZGALOM
BÁTORSÁG	NYELV
KULTÚRÁK	ÚJ
FELFEDEZÉS	VESZÉLYEK
ISMERETLEN	VAD
MEGHATÁROZÁS	TEREP
TÁVOLI	UTAZÁS

29 - Balé

```
K D L H K K U R S K H Z K N
K I T A P S X I T Ö Y E C L
O V F P L O Y T Í Z E N E W
R P H E B D Y M L Ö F E X L
E I R P J K Z U U N X S T B
O N J Ó P E É S S M Z S A
G T X U B S Z S F É M E Z L
R E H Y P A J Ő Z G Ű R Ó E
Á N U R O I A U E S V Z L R
F Z O G A T G G N I É Ő Ó I
I I S W K E C S E S S G R N
A T Á N C O S O K D Z N R A
A Á V N K Y F S A O I N V D
K S T G Y A K O R L A T H U
```

TAPS
MŰVÉSZI
BALERINA
ZENESZERZŐ
KOREOGRÁFIA
TÁNCOSOK
PRÓBA
STÍLUS
KIFEJEZŐ

KECSES
KÉSZSÉG
INTENZITÁS
ZENE
ZENEKAR
GYAKORLAT
KÖZÖNSÉG
RITMUS
SZÓLÓ

30 - Conservação

```
F  C  R  Z  K  Ö  R  N  Y  E  Z  E  T  I
E  S  G  H  A  Y  C  X  U  H  Ö  F  Y  T
N  Ö  M  I  N  D  H  W  O  N  L  E  Y  E
N  K  W  L  E  P  Y  G  U  F  D  G  B  R
T  K  V  S  Z  E  N  N  Y  E  Z  É  S  M
A  E  E  Í  T  S  O  C  X  M  K  S  G  É
R  N  A  X  Z  Z  É  I  G  D  G  Z  T  S
T  T  O  S  M  T  L  G  P  B  Y  S  K  Z
H  É  K  Z  X  I  Ő  R  H  U  G  É  F  E
A  S  T  E  E  C  H  A  U  A  Y  G  I  T
T  Y  A  R  M  I  E  O  K  B  J  C  K  E
Ó  H  T  V  I  D  L  V  C  I  K  L  U  S
E  R  Á  E  K  E  Y  M  F  R  L  L  A  O
F  R  S  S  Ö  N  K  É  N  T  E  S  L  T
```

KÖRNYEZETI
VÍZ
CIKLUS
ÉGHAJLAT
OKTATÁS
ÉLŐHELY
TERMÉSZETES
SZERVES

PESZTICID
SZENNYEZÉS
CSÖKKENTÉS
EGÉSZSÉG
FENNTARTHATÓ
ZÖLD
ÖNKÉNTES

31 - Adjetivos #1

```
N A G Y L E L K Ű M F E Z A
N Ő S Z I N T E F O O W P B
N E M B G V L N K D N O S S
A N H U T Ö K É L E T E S Z
G V T É T M T R É R O Z Ö O
Y O L T Z Ű E E R N S I T L
O N J P A V G J T P L V É Ú
V Z F G Z É Z T É K A É T T
Ó Ó H E O S O É K O R K S T
L R J D N Z T L E M O O X Y
R A I S O I I Y S O M N K X
F C S Á S I K E N L Á Y R E
Z E U S S Y U S R Y S Y T K
K S W W Ú I S K N Y M Z V R
```

ABSZOLÚT
AROMÁS
MŰVÉSZI
VONZÓ
ÓRIÁSI
SÖTÉT
EGZOTIKUS
VÉKONY
NAGYLELKŰ
NAGY

ŐSZINTE
AZONOS
FONTOS
LASSÚ
REJTÉLYES
MODERN
TÖKÉLETES
NEHÉZ
KOMOLY
ÉRTÉKES

32 - Insetos

```
C  R  H  D  T  D  B  G  P  K  L  U  S  F
F  B  N  E  G  D  T  M  I  A  E  B  Z  L
M  O  L  Y  E  F  I  G  L  T  V  B  Ú  S
É  L  F  H  I  L  R  E  L  I  É  E  N  V
H  H  K  K  A  B  Ó  C  A  C  L  S  Y  H
S  A  F  S  B  N  B  N  N  A  T  V  O  D
Z  U  Z  Z  O  E  G  N  G  B  E  L  G  A
Ö  U  B  I  G  D  W  Y  Ó  O  T  Á  I  R
C  S  Ó  T  Á  N  Y  A  A  G  Ű  R  O  Á
S  Á  L  A  R  S  J  M  F  Á  K  V  N  Z
K  S  B  K  F  É  R  E  G  R  A  A  N  S
E  K  M  Ö  K  F  B  B  D  E  D  J  U  N
N  A  J  T  E  R  M  E  S  Z  O  Z  D  Y
I  W  R  Ő  F  W  K  O  I  B  P  D  I  R
```

MÉH	LÁRVA
CSÓTÁNY	SZITAKÖTŐ
BOGÁR	SÁSKA
PILLANGÓ	MOLY
KABÓCA	FÉREG
TERMESZ	SZÚNYOG
HANGYA	BOLHA
SZÖCSKE	LEVÉLTETŰ
KATICABOGÁR	DARÁZS

33 - Paisagens

```
F G S A M V V U L K Á N W I
L X T L X Ö B Ö L N J V V K
U Y R F É L S Z I G E T F K
F S A H J G L E C C S E R I
Z M N K E Y T T L K A E U H
C W D P X G W M F F R K Y W
V X X K L U Y O Z F D O M B
N Í O Á Z I S C L M K T U S
W W Z F I H S S Z I G E T I
A I V E D A A Á K A G N U V
F S W D S B A R L A N G N A
Z Y Z I J É G H E G Y E D T
N T F P D H S L U S S R R A
R Ó F O L Y Ó C E Á N V A G
```

VÍZESÉS	HEGY
BARLANG	OÁZIS
DOMB	ÓCEÁN
SIVATAG	MOCSÁR
GLECCSER	FÉLSZIGET
ÖBÖL	STRAND
JÉGHEGY	FOLYÓ
SZIGET	TUNDRA
TÓ	VÖLGY
TENGER	VULKÁN

34 - Dança

```
P  L  P  K  E  G  Y  E  L  E  M  K  G  H
R  A  K  U  L  T  Ú  R  A  P  K  O  E  A
Ó  K  R  L  W  N  C  F  V  T  H  R  K  G
B  A  C  T  U  D  F  B  I  E  S  E  L  Y
A  D  E  U  N  X  D  S  A  S  T  O  A  O
V  É  É  R  Z  E  L  E  M  T  E  G  S  M
I  M  C  Á  M  K  R  A  V  B  S  R  S  Á
D  I  V  L  Ű  I  I  H  I  J  T  Á  Z  N
Á  A  M  I  V  F  T  Z  Z  N  T  F  I  Y
M  S  O  S  É  E  M  E  U  C  A  I  K  O
Z  N  Z  C  S  J  U  N  Á  V  R  A  U  S
E  V  G  Y  Z  E  S  E  L  A  T  V  S  K
Z  N  Á  C  E  Z  U  O  I  T  Á  J  C  J
P  P  S  Z  T  Ő  F  K  S  B  S  D  H  S
```

AKADÉMIA	KIFEJEZŐ
VIDÁM	KEGYELEM
MŰVÉSZET	MOZGÁS
KLASSZIKUS	ZENE
KOREOGRÁFIA	PARTNER
TEST	TESTTARTÁS
KULTÚRA	RITMUS
KULTURÁLIS	HAGYOMÁNYOS
ÉRZELEM	VIZUÁLIS
PRÓBA	

35 - Nutrição

```
T  Á  P  A  N  Y  A  G  L  N  I  S  L  J
F  E  H  É  R  J  É  K  E  Y  R  Z  O  M
K  V  M  S  G  D  Í  L  M  D  F  Ó  Z  I
É  E  R  J  E  S  Z  T  É  S  D  S  V  N
F  T  S  K  S  L  Y  L  S  H  I  Z  W  Ő
S  O  V  E  E  G  É  S  Z  S  É  G  E  S
Ú  X  T  Á  R  O  P  P  T  C  T  P  E  É
L  I  P  P  G  Ű  E  A  É  S  A  A  G  G
Y  N  Y  C  X  Y  F  N  S  B  H  A  É  X
S  Z  É  N  H  I  D  R  Á  T  O  K  S  K
K  A  L  Ó  R  I  A  T  L  W  H  T  Z  A
Ö  S  S  Z  E  T  E  V  Ő  K  W  T  S  X
F  O  L  Y  A  D  É  K  O  K  D  T  É  J
Y  O  P  E  H  E  T  Ő  O  D  F  X  G  I
```

KESERŰ	SZÓSZ
ÉTVÁGY	TÁPANYAG
KALÓRIA	SÚLY
SZÉNHIDRÁTOK	FEHÉRJÉK
EHETŐ	MINŐSÉG
DIÉTA	ÍZ
EMÉSZTÉS	EGÉSZSÉGES
ERJESZTÉS	EGÉSZSÉG
ÖSSZETEVŐK	TOXIN
FOLYADÉKOK	

36 - Disciplinas Científicas

```
N E U R O L Ó G I A F R S N
P S Z I C H O L Ó G I A Z Y
G E O L Ó G I A M Á Z N O E
J P S R I X S B E S I A C L
P B R S M C E O T V O T I V
O I R X M D E T E Á L Ó O É
Ö O P B U A P A O N Ó M L S
W K V V N Y K N R Y G I Ó Z
W É O U O P S I O T I A G E
H M R L L R X K L A A K I T
B I O L Ó G I A Ó N J A A I
D A J F G G C Y G K É M I A
G U G H I N I P I J F M H G
D R H S A T M A A X P T Y L
```

ANATÓMIA
BIOLÓGIA
BIOKÉMIA
BOTANIKA
ÖKOLÓGIA
FIZIOLÓGIA
GEOLÓGIA
IMMUNOLÓGIA

NYELVÉSZET
METEOROLÓGIA
ÁSVÁNYTAN
NEUROLÓGIA
PSZICHOLÓGIA
KÉMIA
SZOCIOLÓGIA

37 - Meditação

```
E  T  O  G  Z  E  W  X  N  M  G  P  M  F
M  L  E  S  S  R  L  I  V  E  O  E  E  I
M  C  F  R  N  A  I  M  T  N  N  R  G  G
S  X  N  O  M  K  G  E  E  T  D  S  F  Y
B  É  K  E  G  É  Y  D  J  Á  O  P  I  E
Y  S  M  N  I  A  S  N  P  L  L  E  G  L
É  B  R  E  N  S  D  Z  X  I  A  K  Y  E
N  Y  N  T  Z  K  T  Á  E  S  T  T  E  M
J  M  N  H  W  M  Y  R  S  T  O  Í  L  E
V  I  L  Á  G  O  S  S  Á  G  K  V  É  T
A  K  N  L  Z  Z  E  N  E  C  T  A  S  A
D  K  A  A  V  G  É  R  Z  E  L  M  E  K
T  A  N  Í  T  Á  S  O  K  C  S  E  N  D
K  E  D  V  E  S  S  É  G  W  U  S  W  U
```

ELFOGADÁS	ELME
ÉBREN	MOZGÁS
FIGYELEM	ZENE
KEDVESSÉG	TERMÉSZET
VILÁGOSSÁG	MEGFIGYELÉS
ÉRZELMEK	BÉKE
TANÍTÁSOK	GONDOLATOK
HÁLA	PERSPEKTÍVA
MENTÁLIS	CSEND

38 - Gatos

```
B L O G O F C C Y B K H K P
V K L H I É U V I C C E S X
M A N C S L T J X H S A F S
H R D O B É G V Z Z C Z Ő Z
U O U Á K N C C X R X H R E
L M D G S K B F D A Y A Ü M
Z G M Y Z Z E G É R P Y L É
R K F O Ő X J C V Z B D T L
O G M M R E Y T T H J C D Y
U T D U M T T S F O N A L I
F Ü G G E T L E N A L V Á S
K Í V Á N C S I Y J R A U É
V R E A O W J Á T É K O S G
U E J O D T E E Y F K R K V
```

JÁTÉKOS	FÜGGETLEN
VADÁSZ	ŐRÜLT
FAROK	EGÉR
KÍVÁNCSI	MANCS
ALVÁS	SZŐRME
VICCES	SZEMÉLYISÉG
FONAL	VAD
KAROM	FÉLÉNK

39 - Artes Visuais

```
Ö  S  S  Z  E  T  É  T  E  L  Y  F  A  E
F  Z  M  E  S  T  E  R  M  Ű  P  E  G  F
É  O  L  B  G  K  E  K  H  P  E  S  T  N
N  B  U  F  U  R  K  E  P  O  R  T  R  É
Y  O  A  E  F  E  R  R  B  U  S  Ő  S  P
K  R  L  S  N  A  É  Á  Z  Z  P  Á  F  Í
É  M  S  T  I  T  T  M  A  J  E  L  I  T
P  P  W  M  F  I  A  I  B  H  K  L  L  É
H  D  T  É  H  V  I  A  S  Z  T  V  M  S
S  T  E  N  C  I  L  A  K  K  Í  Á  K  Z
V  O  H  Y  C  T  T  G  I  N  V  N  O  E
S  W  A  I  X  Á  O  Y  E  A  A  Y  A  T
L  E  W  A  X  S  L  A  M  Ű  V  É  S  Z
C  E  R  U  Z  A  L  G  C  S  M  H  J  L
```

AGYAG	STENCIL
ÉPÍTÉSZET	FILM
MŰVÉSZ	FÉNYKÉP
TOLL	KRÉTA
FESTŐÁLLVÁNY	CERUZA
VIASZ	MESTERMŰ
KERÁMIA	PERSPEKTÍVA
ÖSSZETÉTEL	FESTMÉNY
KREATIVITÁS	PORTRÉ
SZOBOR	LAKK

40 - Instrumentos Musicais

```
H G I T Á R C M F C D F T M
Á A S M F A H A R S O N A A
R X R G W V K R G Ö I V C N
F Y Z M P L L I L R B F T D
A Z X T O X A M Y G E U H O
D O B S B N R B M Ő N V E L
T F I T O G I A S D D O G I
L R A J A F N K Z O Z L E N
C G O G W O É D A B S A D W
K J P M O W T G X X Ó N Ű F
M Y M W B T F G O N G U B Y
U W M K C I T K F A G L R C
C S E L L Ó T Z O Z G Y D H
Z O N G O R A A N L Z M N X
```

MANDOLIN	CSÖRGŐDOB
BENDZSÓ	ZONGORA
KLARINÉT	SZAXOFON
FAGOTT	DOB
FUVOLA	HARSONA
HARMONIKA	TROMBITA
GONG	GITÁR
HÁRFA	HEGEDŰ
MARIMBA	CSELLÓ
OBOA	

41 - Escola #1

```
E  V  Á  L  A  S  Z  O  K  G  D  J  S  D
T  Y  B  A  R  Á  T  O  K  V  Í  Z  Z  S
T  L  É  Z  T  P  L  T  S  M  T  Y  É  D
M  W  C  E  R  U  Z  A  Z  I  A  U  K  J
L  M  É  V  I  Z  S  G  Á  K  N  V  S  O
K  Ö  N  Y  V  E  K  P  M  U  U  M  S  J
E  B  É  D  V  Y  L  T  O  L  L  E  V  G
D  I  G  K  R  P  X  D  K  F  N  M  H  C
M  A  T  E  M  A  T  I  K  A  I  A  K  F
Í  R  Ó  A  S  Z  T  A  L  U  X  P  Z  N
T  A  N  Á  R  H  K  M  J  O  A  P  F  K
G  S  G  G  R  K  Ö  N  Y  V  T  Á  R  P
S  K  A  Z  Z  V  D  Y  S  I  G  K  I  V
B  O  P  A  P  Í  R  A  P  D  C  E  T  X
```

ÁBÉCÉ	KÖNYVEK
EBÉD	MATEMATIKA
BARÁTOK	ÍRÓASZTAL
TANULNI	SZÁMOK
KÖNYVTÁR	PAPÍR
SZÉK	MAPPÁK
TOLL	TANÁR
VIZSGÁK	KVÍZ
CERUZA	VÁLASZOK

42 - Adjetivos #2

```
F  E  G  É  S  Z  S  É  G  E  S  Z  T  T
E  O  C  H  H  S  W  H  V  L  N  D  E  E
L  L  R  U  B  Z  C  C  I  D  I  R  R  R
E  A  N  R  V  Y  X  Á  B  X  H  T  M  M
L  K  O  K  Ó  S  Ó  S  R  M  V  E  E  É
Ő  É  R  D  E  K  E  S  V  A  Z  H  L  S
S  H  M  E  E  R  Ő  S  Ú  J  Z  E  Ő  Z
V  I  Á  L  A  L  E  Í  R  Ó  A  T  R  E
C  T  L  E  B  T  H  X  T  L  C  S  H  T
G  E  S  G  X  I  Í  B  X  Y  P  É  Z  E
L  L  W  Á  N  O  R  V  H  G  L  G  D  S
L  E  P  N  R  O  E  A  C  V  Y  E  Z  I
H  S  S  S  D  L  S  D  I  V  F  S  F  D
T  I  S  Z  T  A  B  Ü  S  Z  K  E  W  W
```

HITELES	ÚJ
KREATÍV	BÜSZKE
LEÍRÓ	TERMELŐ
TEHETSÉGES	TISZTA
ELEGÁNS	FORRÓ
HÍRES	FELELŐS
ERŐS	SÓS
ÉRDEKES	EGÉSZSÉGES
TERMÉSZETES	SZÁRAZ
NORMÁL	VAD

43 - Roupas

```
Z  A  B  F  K  C  N  K  S  F  B  U  D  I
O  M  C  Z  J  I  X  Y  Z  W  L  A  Z  O
K  A  L  A  P  P  P  B  A  M  Ú  R  S  E
N  Ö  V  K  N  Ő  I  M  N  K  Z  G  E  G
I  P  T  K  A  B  Á  T  D  A  L  N  K  U
M  I  Z  É  R  U  H  A  Á  R  I  Á  I  E
W  Z  R  J  N  D  P  V  L  K  N  D  N  C
I  S  E  B  U  Y  I  U  P  Ö  G  O  P  C
N  A  D  R  Á  G  P  V  N  T  T  V  U  F
P  M  S  Z  O  K  N  Y  A  Ő  N  O  L  A
F  A  P  M  L  K  E  S  Z  T  Y  Ű  Ó  R
I  D  B  C  O  Z  W  E  R  O  A  S  V  M
V  L  H  S  U  P  Y  Y  G  E  H  U  E  E
V  K  D  W  M  M  K  E  P  O  J  W  R  R
```

KÖTÉNY	KESZTYŰ
BLÚZ	ZOKNI
NADRÁG	DIVAT
ING	PIZSAMA
KABÁT	KARKÖTŐ
KALAP	SZOKNYA
ÖV	SZANDÁL
NYAKLÁNC	CIPŐ
DZSEKI	PULÓVER
FARMER	RUHA

44 - Herbalismo

```
K  B  K  O  R  I  A  N  D  E  R  F  L  U
P  A  F  P  K  E  R  T  Á  R  K  O  N  Y
E  Z  K  O  Z  K  O  E  I  C  H  K  I  O
T  S  L  U  P  M  M  H  L  R  M  H  W  L
R  A  É  E  K  W  Á  P  Z  Ő  I  A  A  B
E  L  D  M  V  K  S  G  F  V  N  G  X  C
Z  I  E  A  I  E  F  K  D  A  Ő  Y  Z  Í
S  K  S  J  R  S  N  Ű  D  B  S  M  Ö  Z
E  O  K  O  Á  Á  G  D  C  B  É  A  L  S
L  M  Ö  R  G  F  C  C  U  P  G  R  D  A
Y  R  M  Á  H  R  O  V  B  L  H  I  C  W
E  P  É  N  K  Á  B  U  I  K  A  E  C  Z
M  L  N  N  H  N  Ö  V  É  N  Y  Z  G
B  V  Y  A  H  Y  U  V  O  D  F  P  G  A
```

SÁFRÁNY	LEVENDULA
FOKHAGYMA	BAZSALIKOM
AROMÁS	MAJORÁNNA
ELŐNYÖS	NÖVÉNY
KORIANDER	MINŐSÉG
TÁRKONY	ÍZ
VIRÁG	PETREZSELYEM
ÉDESKÖMÉNY	KAKUKKFŰ
KERT	ZÖLD

45 - Frutas

```
F O N G B S M Z K S Z Ő L Ő
K Z A E A W Á K P Ö V P S P
N Ó E U N W L Á H Z R W S V
E S K X Á K N B P P S T Z K
K Á P U N Ő A R V Y H Z E I
T R O U S S X A A B T F D V
A G D P J Z C I T R O M E I
R A L M A I D Y F T Z G R S
I B U T U B Z I F K N J Y F
N A L Y N A F N Ó S V W D Ó
Z R B P R R N A R A N C S G
P A P A J A N A N Á S Z U T
E C N Y B C O M A N G Ó Y X
C K V A S K A V O K Á D Ó A
```

AVOKÁDÓ	NARANCS
ANANÁSZ	CITROM
SZEDER	ALMA
BOGYÓ	PAPAJA
BANÁN	MANGÓ
KÓKUSZDIÓ	NEKTARIN
SÁRGABARACK	KÖRTE
ÁBRA	ŐSZIBARACK
MÁLNA	SZŐLŐ
KIVI	

46 - Corpo Humano

```
F  C  B  V  N  I  P  D  I  V  Z  B  K  M
Y  E  Ő  N  W  G  S  X  Z  N  I  W  H  A
C  H  R  B  R  Y  Y  R  T  C  S  A  K  N
U  A  D  B  K  N  F  F  P  U  T  R  Ö  L
L  U  L  V  O  H  J  K  E  J  V  C  N  X
B  N  C  L  M  H  S  Z  Á  J  A  G  Y  L
M  H  B  L  F  B  V  I  L  Á  B  O  Ö  N
J  T  S  V  Y  Ü  Á  L  L  A  K  W  K  K
Z  C  V  H  O  M  L  O  K  S  Z  E  M  O
P  U  V  K  B  I  L  C  A  T  N  Y  A  K
O  R  R  É  O  W  J  C  P  É  S  A  F  S
J  J  B  Z  K  B  T  V  O  R  S  M  Z  U
L  U  W  M  A  I  L  Y  C  D  I  K  O  A
X  X  O  J  S  Y  I  E  S  Z  Í  V  É  R
```

SZÁJ	SZEM
FEJ	VÁLL
AGY	FÜL
SZÍV	BŐR
KÖNYÖK	LÁB
UJJ	NYAK
TÉRD	ÁLL
ÁLLKAPOCS	VÉR
KÉZ	HOMLOK
ORR	BOKA

47 - Restaurante #1

```
U  Z  F  P  É  N  Z  T  Á  R  O  S  O  F
O  K  Ű  V  Z  R  Z  P  Z  J  G  H  B  O
D  E  S  S  Z  E  R  T  Á  N  Y  É  R  G
J  N  Z  H  P  Z  Y  Á  L  G  S  Ö  P  L
O  Y  E  T  A  M  Z  L  J  U  Z  S  I  A
O  É  R  A  L  L  E  R  G  I  A  S  N  L
S  R  E  E  N  U  H  N  K  S  L  Z  C  Á
Z  C  S  N  V  X  Z  K  Ü  V  V  E  É  S
Z  I  L  N  C  P  B  M  G  O  É  T  R  Z
E  N  I  I  K  H  N  A  S  Y  T  E  N  Ó
P  L  J  K  O  N  Y  H  A  G  A  V  Ő  S
N  H  E  K  É  M  H  G  K  A  I  Ő  W  Z
K  Á  V  É  V  S  Ú  Z  D  M  M  K  U  K
U  Z  R  A  K  C  S  I  R  K  E  O  Y  T
```

ALLERGIA	ÖSSZETEVŐK
KÁVÉ	MENÜ
PÉNZTÁROS	SZÓSZ
HÚS	KENYÉR
ENNI	FŰSZERES
KONYHA	TÁNYÉR
KÉS	FOGLALÁS
CSIRKE	DESSZERT
PINCÉRNŐ	TÁL
SZALVÉTA	

48 - Caminhada

```
P  I  E  M  K  E  M  P  I  N  G  E  C  J
A  K  L  V  A  Ö  K  F  V  X  B  L  U  D
R  V  Z  K  O  D  V  A  D  S  M  Ő  P  D
K  I  Í  W  R  R  Y  E  T  É  R  K  É  P
O  F  S  Z  I  K  L  A  K  V  Y  É  Y  X
K  Y  F  L  E  N  E  H  É  Z  É  S  M  A
O  Á  O  I  N  B  A  Z  R  E  G  Z  G  E
W  L  C  R  T  Z  W  P  A  T  H  Í  G  Z
E  L  G  F  Á  R  A  D  T  X  A  T  C  S
U  A  D  W  C  S  I  Z  M  A  J  É  G  X
X  T  U  V  I  H  E  G  Y  K  L  S  Z  S
B  O  P  M  Ó  Ú  T  M  U  T  A  T  Ó  K
I  K  T  E  R  M  É  S  Z  E  T  B  X  J
V  E  S  Z  É  L  Y  E  K  V  U  R  L  I
```

KEMPING	ORIENTÁCIÓ
ÁLLATOK	PARKOK
VÍZ	KÖVEK
CSIZMA	SZIKLA
FÁRADT	VESZÉLYEK
ÉGHAJLAT	NEHÉZ
ÚTMUTATÓK	ELŐKÉSZÍTÉS
TÉRKÉP	VAD
HEGY	NAP
TERMÉSZET	

49 - Água

```
I  H  A  T  Ó  C  E  Á  N  Z  C  I  M  B
P  Ó  B  Y  K  D  Á  Ö  P  U  K  B  A  J
M  C  S  A  T  O  R  N  A  H  F  A  G  Y
N  O  M  M  Ó  C  V  T  P  A  J  G  Ő  Z
C  E  N  P  E  K  Í  Ö  Á  N  K  É  X  S
B  S  D  S  P  U  Z  Z  R  Y  L  P  G  I
F  Ő  P  V  Z  E  Z  É  O  H  N  B  E  H
I  F  Y  E  E  U  S  S  L  U  R  J  J  Z
H  G  C  N  S  S  N  A  G  R  F  J  Z  V
Y  G  R  R  E  W  S  W  Á  R  O  X  Í  C
O  P  Z  D  O  W  Z  É  S  I  L  Z  R  O
H  U  L  L  Á  M  O  K  G  K  Y  N  O  N
W  U  L  Y  O  N  V  M  R  Á  Ó  K  U  K
G  F  Y  J  M  Z  I  F  S  N  R  Z  V  K
```

CSATORNA	TÓ
ESŐ	MONSZUN
ZUHANY	HÓ
PÁROLGÁS	ÓCEÁN
HURRIKÁN	HULLÁMOK
FAGY	IHATÓ
JÉG	FOLYÓ
GEJZÍR	NEDVESSÉG
ÁRVÍZ	GŐZ
ÖNTÖZÉS	

50 - Sons

```
H  A  N  G  O  K  P  D  W  K  K  S  L  C
H  H  H  Y  B  Y  O  E  I  N  J  J  S  K
A  R  V  W  B  D  C  N  Y  T  A  P  S  Ö
R  F  G  P  W  W  T  V  C  W  C  M  U  H
A  E  N  E  V  E  T  É  S  E  O  R  T  Ö
N  S  Z  A  C  S  H  X  Z  R  R  L  T  G
G  H  V  O  Y  B  J  R  I  E  K  T  O  É
X  X  G  P  N  X  Y  Z  R  Z  X  I  G  S
Z  A  J  O  S  Á  M  N  É  G  H  H  Á  Í
N  Y  Ö  G  É  S  N  N  N  É  O  S  S  P
A  E  I  Y  R  D  U  S  Á  S  F  M  U  V
X  K  H  R  J  A  F  V  K  Ó  R  U  S  K
I  S  M  É  T  L  Ő  D  Ő  L  Y  I  A  U
M  V  Y  E  T  H  A  N  G  O  S  G  R  U
```

HANGOS	NEVETÉS
SÍP	ZAJOS
TAPS	HARANG
KONCERT	SZIRÉNÁK
KÓRUS	SUTTOGÁS
NYÖGÉS	KÖHÖGÉS
ISMÉTLŐDŐ	REZGÉS
REZONÁNS	HANGOK

51 - Ecologia

```
A  S  Z  Á  L  Y  N  B  H  F  G  N  F  S
Z  S  B  H  E  F  A  G  E  E  L  Ö  O  O
É  G  H  A  J  L  A  T  G  N  O  V  R  K
T  M  O  F  B  U  Y  H  Y  N  B  É  R  F
N  E  E  A  A  J  H  L  E  T  Á  N  Á  É
Ö  Ö  R  X  M  U  E  W  K  A  L  Y  S  L
V  U  V  M  T  E  N  G  E  R  I  V  O  E
É  B  V  É  É  S  E  A  Y  T  S  I  K  S
N  Z  E  R  N  S  É  L  Ő  H  E  L  Y  É
Y  G  I  G  C  Y  Z  H  V  A  H  Á  Z  G
E  J  A  T  K  E  Z  E  N  T  C  G  G  O
K  M  O  C  S  Á  R  E  T  Ó  O  Y  A  A
F  A  J  T  A  Y  A  R  T  E  G  X  B  X
T  Ú  L  É  L  É  S  C  I  E  S  D  L  M
```

ÉGHAJLAT	MOCSÁR
SOKFÉLESÉG	NÖVÉNYEK
FAUNA	FORRÁSOK
NÖVÉNYVILÁG	ASZÁLY
GLOBÁLIS	TÚLÉLÉS
ÉLŐHELY	FENNTARTHATÓ
TENGERI	FAJTA
HEGYEK	NÖVÉNYZET
TERMÉSZETES	

52 - Família

```
F  É  R  J  I  F  E  L  E  S  É  G  U  T
G  Y  E  R  M  E  K  P  O  G  W  Y  N  E
A  N  X  P  U  U  Ő  R  V  Y  B  E  O  S
N  P  A  P  A  N  S  J  E  E  D  R  K  T
Y  D  A  G  P  O  O  C  U  R  R  M  A  V
A  M  O  I  Y  K  P  K  N  M  H  E  T  É
I  X  H  A  P  A  L  K  A  E  U  K  E  R
U  G  S  I  H  Ö  P  K  G  K  N  E  S  C
X  B  C  M  J  C  D  A  Y  K  O  K  T  E
M  C  I  L  Z  S  A  C  B  O  K  C  V  E
P  X  U  Á  I  U  G  R  Á  R  A  O  É  S
H  S  S  N  É  N  I  C  C  D  H  Z  R  G
N  A  G  Y  M  A  M  A  S  I  Ú  H  N  I
A  N  Y  A  O  M  V  L  I  X  G  M  S  P
```

ŐS	ANYAI
NAGYMAMA	ANYA
NAGYAPA	UNOKA
GYERMEK	APA
GYERMEKEK	APAI
FELESÉG	UNOKATESTVÉR
LÁNYA	UNOKAHÚG
GYERMEKKOR	UNOKAÖCS
TESTVÉR	NÉNI
FÉRJ	NAGYBÁCSI

53 - Férias #2

```
L  A  G  K  C  Ú  C  I  J  S  F  N  N  T
A  I  P  E  Ü  T  X  O  E  Z  O  U  Y  M
W  C  F  M  X  L  M  P  S  I  T  T  A  S
T  L  W  P  F  E  F  U  Z  G  Ó  A  R  U
P  J  Y  I  W  V  V  Ö  Á  E  K  Z  A  S
V  L  Z  N  O  É  S  G  L  T  H  Á  L  Z
K  L  L  G  N  L  O  H  L  D  M  S  Á  Á
H  E  G  Y  E  K  P  V  O  G  I  C  S  L
S  Á  T  O  R  N  O  R  D  T  A  X  I  L
G  S  G  E  U  S  T  R  A  N  D  C  Z  Í
B  S  L  B  N  É  T  T  E  R  E  M  N  T
I  F  L  F  O  G  L  A  L  Á  S  O  K  Á
T  É  R  K  É  P  E  V  Í  Z  U  M  P  S
D  Y  M  C  M  Y  O  R  C  B  X  M  Z  A
```

KEMPING	ÚTLEVÉL
KÜLFÖLDI	STRAND
NYARALÁS	FOGLALÁSOK
FOTÓK	ÉTTEREM
SZÁLLODA	TAXI
SZIGET	SÁTOR
TÉRKÉP	SZÁLLÍTÁS
TENGER	UTAZÁS
HEGYEK	VÍZUM

54 - Edifícios

```
H D K Z L E G Y E T E M M Y
T S K P A J T A B O U R Ú N
P O I S K O L A A M E S Z R
K Ó R H Á Z K A B I N V E M
S X E O S Z Á L L O D A U D
T S Z Í N H Á Z A X P E M G
A L G S G Y Á R O I K Z O A
D X Z Á N P P K M O Z I J R
I R M T D V M E O K D M O Á
O G M O I S Á C W H C F N Z
N A Z R T R M R H H C B U S
U G A Z D A S Á G E W L A J
W K S Z U P E R M A R K E T
N A G Y K Ö V E T S É G U H
```

LAKÁS	GARÁZS
KABIN	KÓRHÁZ
VÁR	SZÁLLODA
PAJTA	MÚZEUM
MOZI	SZUPERMARKET
NAGYKÖVETSÉG	SZÍNHÁZ
ISKOLA	SÁTOR
STADION	TORONY
GAZDASÁG	EGYETEM
GYÁR	

55 - Praia

```
P  R  N  H  E  N  K  I  S  S  E  F  U  V
J  D  F  A  O  V  X  L  C  Z  S  O  G  I
Y  S  S  J  P  A  R  T  J  A  E  D  B  T
B  N  Z  Ó  L  I  W  O  F  N  R  O  N  O
N  A  I  H  O  M  O  K  N  D  N  K  X  R
L  A  G  Ú  N  A  R  Á  K  Á  Y  K  Z  L
N  O  E  C  V  R  B  D  É  L  Ő  S  Á  Á
P  J  T  J  L  W  H  Z  K  O  X  G  T  S
D  T  E  N  G  E  R  F  L  H  Y  W  O  A
W  G  T  Ö  R  Ü  L  K  Ö  Z  Ő  V  N  T
A  C  P  Z  K  O  U  T  L  B  I  A  Y  R
R  K  A  T  R  M  N  K  Ó  C  E  Á  N  Y
U  J  M  S  Z  Z  H  H  A  A  L  S  F  V
M  V  B  U  L  J  G  R  M  P  Y  N  V  R
```

HOMOK	LAGÚNA
KÉK	TENGER
HAJÓ	ÓCEÁN
RÁK	ZÁTONY
PART	SZANDÁL
DOKK	NAP
ESERNYŐ	TÖRÜLKÖZŐ
SZIGET	VITORLÁS

56 - Xadrez

```
J O Y M A O T S G L R L K T
P Á S D U B A J N O K T I A
A L T V I D P N Á J M O R N
S D R É H D V X G T P F Á U
S O A P K O Ő U B I É E L L
Z Z T O I M Á T L Ó S K Y N
Í A É N R V L J U C R E O I
V T G T Á T J Z Y L T T P S
X I I O L F T O R N A E D S
F O A K Y K I H Í V Á S O K
E L L E N F É L O T D G F K
H V P Y Ő S Z A B Á L Y O K
É P S P V E R S E N Y R S V
R Z V N K Z G P R K K V C J
```

TANULNI	PASSZÍV
FEHÉR	PONTOK
BAJNOK	FEKETE
VERSENY	KIRÁLYNŐ
KIHÍVÁSOK	SZABÁLYOK
ÁTLÓS	KIRÁLY
STRATÉGIA	ÁLDOZAT
JÁTÉKOS	IDŐ
JÁTÉK	TORNA
ELLENFÉL	

57 - Aventura

```
S  Z  É  P  S  É  G  X  G  B  E  D  Ö  E
W  Z  Ú  T  V  O  N  A  L  I  S  V  R  L
S  U  O  O  G  Z  Y  L  P  Z  T  E  Ö  Ő
O  T  R  K  O  B  Ú  J  U  T  E  S  M  K
K  H  S  M  A  Á  E  Z  F  O  R  Z  K  É
H  I  H  A  Z  T  T  R  L  N  M  É  G  S
B  C  O  F  D  O  L  H  E  S  É  L  Y  Z
X  A  V  C  N  R  M  A  P  Á  S  Y  I  Í
Y  Y  R  L  B  S  U  G  N  G  Z  E  C  T
L  X  T  Á  S  Á  K  V  L  R  E  S  V  É
B  W  Y  Y  T  G  O  I  R  J  T  F  K  S
Z  J  K  D  U  O  N  E  H  É  Z  S  É  G
N  R  T  E  V  É  K  E  N  Y  S  É  G  J
L  E  H  E  T  Ő  S  É  G  P  Y  W  L  H
```

ÖRÖM	ÚTVONAL
BARÁTOK	TERMÉSZET
TEVÉKENYSÉG	ÚJ
SZÉPSÉG	LEHETŐSÉG
BÁTORSÁG	VESZÉLYES
ESÉLY	ELŐKÉSZÍTÉS
NEHÉZSÉG	BIZTONSÁG
SZOKATLAN	

58 - Floresta Tropical

```
X  H  R  M  N  F  M  O  H  A  F  R  S  W
É  G  H  A  J  L  A  T  E  N  A  O  D  M
É  R  T  É  K  E  S  Ú  L  W  J  V  M  L
D  Z  S  U  N  G  E  L  Y  A  H  A  A  K
T  T  P  K  T  Y  B  É  R  P  D  R  D  B
E  T  I  S  Z  T  E  L  E  T  C  O  A  O
R  V  C  T  O  U  A  É  Á  I  P  K  R  T
M  E  G  Ő  R  Z  É  S  L  K  D  Y  A  A
É  I  M  F  K  É  T  É  L  T  Ű  E  K  N
S  M  G  L  E  I  K  Y  Í  H  G  C  C  I
Z  E  Y  Y  Ő  L  C  E  T  W  N  O  T  K
E  V  Y  J  D  S  H  E  Á  S  Y  Y  S  A
T  G  X  H  Z  O  Ö  Ő  S  I  O  J  E  J
M  E  N  E  D  É  K  K  K  F  T  Y  V  Y
```

KÉTÉLTŰEK	MADARAK
BOTANIKA	MEGŐRZÉS
ÉGHAJLAT	MENEDÉK
FAJ	TISZTELET
ROVAROK	HELYREÁLLÍTÁS
EMLŐSÖK	DZSUNGEL
MOHA	TÚLÉLÉS
TERMÉSZET	ÉRTÉKES
FELHŐK	

59 - Cidade

```
R T T D A T I S F V W S K G
S E A J D C S Z F P S T Ö Y
Z B P I A C K A S T V A N Ó
U D S Ü W K O L B K E D Y G
P C Z P L X L O M R N I V Y
E L Í K É Ő A N N X F O E S
R C N N K T M O Z I N S Z
M C H D R K S É V Z É B B E
A Ú Á Z P O K É R W T O O R
R I Z G C U U B G N T H L T
K I I E Á L L A T K E R T Á
E U O A U M T N L I R U Z R
T J L E I M G K G F E T G M
G A L É R I A Z N Y M N R I
```

REPÜLŐTÉR

BANK

MOZI

ISKOLA

STADION

GYÓGYSZERTÁR

GALÉRIA

ÁLLATKERT

KÖNYVESBOLT

PIAC

MÚZEUM

PÉKSÉG

ÉTTEREM

SZALON

SZUPERMARKET

SZÍNHÁZ

60 - Matemática

```
T  S  Z  Ö  G  E  K  T  Ö  R  E  D  É  K
É  Z  Z  R  P  O  L  I  G  O  N  P  J  I
G  Á  O  I  U  Z  O  Á  T  M  É  R  Ő  T
L  M  G  P  M  E  R  Ő  L  E  G  E  S  E
A  O  Ö  I  Á  M  I  R  Z  N  Y  J  Y  V
L  K  M  S  H  R  E  Z  D  Z  Z  L  B  Ő
A  J  B  D  S  Y  H  T  I  Z  E  D  E  S
P  Y  D  U  V  Z  M  U  R  T  T  D  R  I
N  H  S  P  G  Y  E  O  Z  I  T  K  U  S
K  E  R  Ü  L  E  T  G  N  A  A  U  D  U
W  E  G  Y  E  N  L  E  T  D  M  F  P  G
G  E  O  M  E  T  R  I  A  K  V  O  H  Á
V  I  R  L  K  S  Z  Á  M  T  A  N  S  R
H  Á  R  O  M  S  Z  Ö  G  A  X  T  I  I
```

SZÁMTAN	PÁRHUZAMOS
SZÖGEK	KERÜLET
TIZEDES	MERŐLEGES
ÁTMÉRŐ	POLIGON
EGYENLET	NÉGYZET
GÖMB	SUGÁR
KITEVŐ	TÉGLALAP
TÖREDÉK	SZIMMETRIA
GEOMETRIA	ÖSSZEG
SZÁMOK	HÁROMSZÖG

61 - Natureza

```
Y  S  V  Z  D  V  F  T  R  Ó  P  U  S  I
I  T  A  P  B  S  Z  É  P  S  É  G  I  C
J  P  J  R  É  P  O  E  R  D  Ő  K  V  S
V  A  D  X  K  M  E  N  E  D  É  K  A  C
F  N  G  O  É  V  P  A  T  S  G  Ö  T  W
N  O  D  D  S  N  I  E  A  R  H  D  A  H
Á  L  L  A  T  O  K  D  R  J  U  K  G  D
M  É  H  E  K  I  J  I  É  Ó  G  S  H  E
D  I  N  A  M  I  K  U  S  K  Z  X  Y  R
F  E  L  H  Ő  K  X  G  P  D  I  I  X  Ű
G  L  E  C  C  S  E  R  F  O  L  Y  Ó  S
A  U  M  K  L  O  M  B  O  Z  A  T  G  V
L  É  T  F  O  N  T  O  S  S  Á  G  Ú  H
V  T  N  S  Z  E  N  T  É  L  Y  B  X  C
```

MÉHEK	GLECCSER
MENEDÉK	KÖD
ÁLLATOK	FELHŐK
SARKVIDÉKI	BÉKÉS
SZÉPSÉG	FOLYÓ
SIVATAG	SZENTÉLY
DINAMIKUS	VAD
ERÓZIÓ	DERŰS
ERDŐ	TRÓPUSI
LOMBOZAT	LÉTFONTOSSÁGÚ

62 - Preencher

```
M  H  T  Á  S  K  A  U  O  D  E  B  F  J
M  A  L  C  H  V  B  O  K  O  D  O  N  O
F  J  P  K  B  F  L  K  L  B  E  R  K  K
N  Ó  K  P  E  V  E  S  R  O  P  Í  O  O
T  Á  L  C  A  Á  C  S  Ő  Z  E  T  R  S
E  B  D  V  E  Z  C  Ü  J  V  A  É  S  Á
B  I  O  R  W  A  S  V  Z  D  Ö  K  Ó  R
Ő  P  K  S  N  F  O  E  H  O  R  D  Ó  X
R  F  A  A  W  I  M  G  B  D  D  E  Ö  W
Ö  J  C  G  H  Ó  A  G  N  J  D  L  M  R
N  T  V  J  N  K  G  L  P  K  Y  K  K  G
D  D  W  B  U  M  H  U  Z  V  E  W  T  E
T  X  K  V  K  B  B  W  J  B  Y  E  Y  J
F  K  B  Z  L  X  J  U  C  R  O  X  Z  B
```

VÖDÖR	KORSÓ
TÁLCA	BŐRÖND
HORDÓ	HAJÓ
ZSEB	CSOMAG
DOBOZ	MAPPA
KOSÁR	TÁSKA
BORÍTÉK	CSŐ
ÜVEG	VÁZA
FIÓK	

63 - Animais de Estimação

```
M  P  H  I  T  E  H  É  N  H  P  F  D  J
M  M  P  X  E  U  Ö  V  Í  Z  A  W  H  K
F  A  R  O  K  K  R  J  Á  L  P  L  G  B
T  C  N  U  N  U  C  M  L  O  A  G  F  M
Z  S  A  Y  Ő  T  S  C  L  B  G  I  G  Y
E  K  E  B  S  Y  Ö  P  A  N  Á  Y  V  Y
H  A  O  F  X  A  G  K  T  S  J  M  Í  L
U  R  H  P  W  J  A  I  O  B  T  L  M  K
E  G  É  R  Z  A  L  S  R  S  N  K  D  E
C  I  C  A  N  V  L  K  V  A  J  I  V  C
H  F  U  L  Y  X  É  U  O  X  G  H  F  S
M  C  T  F  Ú  C  R  T  S  O  W  R  I  K
H  I  T  P  L  A  F  Y  J  B  T  R  X  E
D  R  Z  X  C  S  H  A  J  O  E  O  Z  P
```

VÍZ	HÖRCSÖG
KECSKE	GYÍK
KISKUTYA	EGÉR
FAROK	PAPAGÁJ
KUTYA	HAL
NYÚL	TEKNŐS
GALLÉR	TEHÉN
CICA	ÁLLATORVOS
MACSKA	

64 - Escalada

```
T  S  B  C  X  T  Ú  R  Á  Z  Á  S  X  M
L  E  Z  A  S  N  J  B  Y  F  T  Z  F  R
X  F  R  G  R  I  L  X  W  E  F  A  C  M
M  U  C  E  Z  L  Z  L  B  K  I  K  D  Z
T  G  A  L  P  W  A  M  D  H  Z  É  W  S
É  F  A  É  W  P  O  N  A  Y  I  R  O  T
R  M  A  G  A  S  S  Á  G  S  K  T  E  S
K  E  S  K  E  N  Y  V  N  W  A  Ő  I  O
É  R  I  Ö  S  T  A  B  I  L  I  T  Á  S
P  Ő  S  R  K  E  S  Z  T  Y  Ű  L  C  H
I  V  A  W  K  I  H  Í  V  Á  S  O  K  A
F  L  K  K  Í  V  Á  N  C  S  I  S  Á  G
I  M  J  Ú  T  M  U  T  A  T  Ó  K  P  R
N  Y  M  P  E  R  E  N  H  V  K  Z  G  C
```

MAGASSÁG	STABILITÁS
LÉGKÖR	KESKENY
CSIZMA	FIZIKAI
TÚRÁZÁS	ERŐ
SISAK	ÚTMUTATÓK
BARLANG	KESZTYŰ
KÍVÁNCSISÁG	TÉRKÉP
KIHÍVÁSOK	TEREP
SZAKÉRTŐ	

65 - Aviões

```
É  R  J  G  H  G  S  U  M  T  F  T  L  V
P  J  H  G  Z  É  Z  D  O  E  E  Z  E  W
Í  H  P  I  A  G  Á  Z  T  F  L  X  S  U
T  L  É  G  K  Ö  R  M  O  R  F  H  Z  M
É  W  D  O  A  B  M  L  R  T  Ú  I  Á  A
S  R  R  N  L  L  A  T  E  R  J  D  L  G
D  D  O  J  A  E  Z  L  T  V  K  R  L  A
P  G  C  I  N  G  Á  P  L  H  E  O  Á  S
U  A  I  I  D  É  S  I  Y  O  L  G  S  S
T  Ö  R  T  É  N  E  L  E  M  N  É  Ő  Á
A  Y  Á  U  W  Y  J  Ó  U  F  M  N  J  G
S  X  N  I  E  S  S  T  P  J  N  B  P  O
H  D  Y  N  F  É  J  A  I  M  N  Z  M  A
J  X  Z  C  E  G  H  A  J  Ó  Z  I  K  D
```

MAGASSÁG	IRÁNY
LEVEGŐ	HIDROGÉN
LESZÁLLÁS	TÖRTÉNELEM
LÉGKÖR	FELFÚJ
KALAND	MOTOR
BALLON	HAJÓZIK
ÉG	UTAS
ÉPÍTÉS	PILÓTA
SZÁRMAZÁS	LEGÉNYSÉG

66 - Tipos de Cabelo

```
E  G  É  S  Z  S  É  G  E  S  Z  Ő  K  E
Z  R  U  X  S  G  P  U  T  Z  F  J  N  F
Ü  T  I  H  L  H  U  L  L  Á  M  O  S  E
S  Z  Í  N  E  S  H  C  Z  R  M  Z  Z  K
T  K  Z  G  A  V  A  S  T  A  G  F  Ü  E
B  O  S  J  Ö  I  R  M  J  Z  Z  Z  R  T
A  P  I  U  I  N  I  F  Ü  R  T  Ö  K  E
R  A  N  F  P  A  D  M  N  D  B  J  E  F
N  S  Ó  T  V  S  I  Ö  O  F  E  H  É  R
A  Z  R  W  É  W  X  I  R  É  G  O  T  W
E  L  R  V  K  I  E  R  H  N  Z  S  D  M
K  R  G  F  O  N  O  T  T  Y  M  S  H  U
S  R  D  O  N  H  J  R  H  E  G  Z  L  R
P  D  V  S  Y  F  R  M  N  S  X  Ú  I  X
```

FEHÉR	HOSSZÚ
FÉNYES	BARNA
FÜRTÖK	HULLÁMOS
KOPASZ	EZÜST
SZÜRKE	FEKETE
SZÍNES	EGÉSZSÉGES
GÖNDÖR	SZÁRAZ
VÉKONY	PUHA
VASTAG	FONOTT
SZŐKE	ZSINÓR

67 - Formas

```
H E N G E R T D O R E L Z X
N O F Ö R J D F E S D K N U
É X G M U X Y G C Y U X L B
G N Z B G L C S Y M A D S H
Y S A X K A T A Í N X O F I
Z M O U B S O E V K Ú P M P
E L L I P S Z I S O T D T E
T Y K Ö R O L A Y C N C É R
I J A X I O L F P K K A G B
E H I S Z K V I E A N I L O
P I R A M I S Á G O L D A L
D J V M A Y Z O L O O T L A
R S N S A R O K D I N R A E
H Á R O M S Z Ö G B S I P U
```

ÍV	OLDAL
SAROK	VONAL
HENGER	OVÁLIS
KÖR	PIRAMIS
KÚP	POLIGON
KOCKA	PRIZMA
ELLIPSZIS	NÉGYZET
GÖMB	TÉGLALAP
HIPERBOLA	HÁROMSZÖG

68 - Dias e Meses

```
E  B  V  P  J  W  X  U  N  R  Á  A  O  S
E  Z  I  Y  É  A  H  Ó  N  A  P  U  D  Y
Z  I  C  G  H  N  N  H  G  S  R  G  E  K
S  Z  O  M  B  A  T  U  É  V  I  U  C  E
F  E  B  R  U  Á  R  E  Á  Y  L  S  E  D
J  O  K  T  Ó  B  E  R  K  R  I  Z  M  D
B  Ú  J  Ú  N  I  U  S  J  G  S  T  B  C
W  O  L  R  B  H  É  T  M  F  H  U  E  N
F  U  A  I  M  G  S  T  U  O  É  S  R  A
H  P  H  E  U  I  B  W  N  Z  T  P  U  P
Z  O  C  U  K  S  Y  C  C  R  F  T  B  T
C  S  Ü  T  Ö  R  T  Ö  K  Y  Ő  Y  Z  Á
S  Z  E  P  T  E  M  B  E  R  P  M  E  R
E  G  E  H  O  N  O  V  E  M  B  E  R  C
```

ÁPRILIS	NOVEMBER
AUGUSZTUS	OKTÓBER
ÉV	CSÜTÖRTÖK
NAPTÁR	SZOMBAT
DECEMBER	HÉTFŐ
FEBRUÁR	HÉT
JANUÁR	SZEPTEMBER
JÚLIUS	PÉNTEK
JÚNIUS	KEDD
HÓNAP	

69 - Geografia

```
N  M  B  A  Ó  K  M  V  V  I  D  É  K  M
Y  E  Y  T  C  K  O  W  Á  D  N  U  Y  A
U  R  Y  L  E  A  R  N  B  R  M  J  E  G
G  I  D  A  Á  K  S  F  T  M  O  F  Z  A
A  D  Z  S  N  I  Z  G  E  I  L  S  M  S
T  I  R  Z  M  L  Á  L  N  P  N  T  E  S
É  Á  É  G  W  D  G  P  G  S  X  E  X  Á
R  N  S  H  K  X  F  K  E  T  N  R  N  G
K  J  Z  H  E  R  K  E  R  A  F  Ü  C  S
É  Z  A  A  G  G  V  I  L  Á  G  L  X  Z
P  U  K  F  O  L  Y  Ó  A  H  M  E  B  I
F  É  L  T  E  K  E  S  Z  B  I  T  Z  G
S  Z  É  L  E  S  S  É  G  M  D  É  L  E
U  J  Z  Y  U  Y  X  L  I  P  K  X  J  T
```

MAGASSÁG	HEGY
ATLASZ	VILÁG
VÁROS	ÉSZAK
KONTINENS	ÓCEÁN
FÉLTEKE	NYUGAT
SZIGET	ORSZÁG
SZÉLESSÉG	VIDÉK
TÉRKÉP	FOLYÓ
TENGER	DÉL
MERIDIÁN	TERÜLET

70 - Antártica

```
G F S Z I K L Á S F T H Ö G
R L Ö T Y B U R C É U Ő B F
M D E L L S W K A L D M Ö B
P F R C D I N Y Y S O É L K
K E Z K C R K O T Z M R B Ö
U L B P O S A J A I Á S L R
T T U T F N E J I G N É M N
A Á Y F G R T R Z E Y K V Y
T R Y T Z C J I E T O L Í E
Ó Á I I J É G U N K S E Z Z
I S Z I G E T E K E O T N E
M I G R Á C I Ó O R N V S T
E X P E D Í C I Ó R E S V F
M E G Ő R Z É S B Á L N Á K
```

KÖRNYEZET	GLECCSEREK
VÍZ	JÉG
ÖBÖL	FÖLDRAJZ
BÁLNÁK	SZIGETEK
TUDOMÁNYOS	KUTATÓ
MEGŐRZÉS	MIGRÁCIÓ
KONTINENS	FÉLSZIGET
EXPEDÍCIÓ	SZIKLÁS
FELTÁRÁS	HŐMÉRSÉKLET

71 - Flores

```
E  J  W  R  H  I  B  I  S  Z  K  U  S  Z
F  D  Á  Ó  T  L  X  W  Z  A  H  L  Z  K
C  N  Y  Z  F  I  M  I  Á  T  A  E  I  Ö
L  S  D  S  M  L  Á  O  Z  N  L  V  R  R
T  Ó  O  A  E  I  K  R  S  Y  V  E  O  Ö
U  G  H  K  Z  O  N  C  Z  P  Á  N  M  M
L  A  E  E  O  M  X  H  O  L  N  D  D  V
I  R  T  A  R  R  Z  I  R  U  Y  U  E  I
P  D  F  I  H  E  P  D  S  M  L  L  L  R
Á  É  P  X  T  W  S  E  Z  E  I  A  P  Á
N  N  Z  M  E  E  Y  A  É  R  L  T  O  G
P  I  T  Y  P  A  N  G  P  I  A  M  G  I
B  A  Z  S  A  R  Ó  Z  S  A  R  G  G  E
M  A  G  N  Ó  L  I  A  G  T  A  K  X  E
```

CSOKOR	SZÁZSZORSZÉP
KÖRÖMVIRÁG	ORCHIDEA
PITYPANG	MÁK
GARDÉNIA	BAZSARÓZSA
HIBISZKUSZ	SZIROM
JÁZMIN	PLUMERIA
LEVENDULA	RÓZSA
HALVÁNYLILA	LÓHERE
LILIOM	TULIPÁN
MAGNÓLIA	

72 - Fazenda #1

```
M  É  H  C  T  W  V  J  V  M  A  L  A  C
E  É  N  S  E  F  A  U  Í  M  T  Ó  A  U
Z  T  Z  I  H  M  R  I  Z  S  L  Y  W  X
Ő  A  X  R  É  E  J  R  X  M  R  A  R  H
S  X  Z  K  N  Z  Ú  E  G  V  J  Y  Y  G
R  B  R  E  M  Ő  K  E  R  Í  T  É  S  A
R  R  T  R  Á  G  Y  A  I  Z  M  X  P  U
W  V  G  H  M  A  C  S  K  A  Y  W  A  P
D  A  K  V  U  Z  X  M  G  O  I  Y  S  B
I  X  U  E  Z  D  V  E  B  H  W  R  Z  U
E  X  T  K  C  A  L  U  E  O  C  X  É  W
R  N  Y  Á  J  S  Z  A  M  Á  R  R  N  Y
O  U  A  L  G  Á  K  M  I  C  K  J  A  K
L  K  V  K  X  G  W  E  R  T  S  T  Ú  S
```

MÉH	KERÍTÉS
MEZŐGAZDASÁG	VARJÚ
RIZS	SZÉNA
VÍZ	TRÁGYA
BORJÚ	CSIRKE
SZAMÁR	MACSKA
KECSKE	MÉZ
MEZŐ	MALAC
LÓ	NYÁJ
KUTYA	TEHÉN

73 - Livros

```
T  I  N  W  Y  D  R  O  L  D  A  L  R  I
V  Ö  A  J  U  K  E  N  L  R  K  P  R  D
G  E  R  G  U  O  G  I  Z  V  A  N  S  E
V  D  R  T  G  L  É  T  R  F  A  L  T  V
E  J  Á  L  É  N  N  Í  D  D  K  S  L  O
R  G  T  G  A  N  Y  K  R  K  Ö  M  Ó  N
S  C  O  G  R  E  E  I  O  L  S  S  A
S  O  R  O  Z  A  T  T  R  N  T  K  Z  T
E  P  I  K  U  S  B  T  O  T  É  T  E  K
D  M  C  A  W  K  W  Ő  D  E  S  X  R  O
D  W  T  L  N  R  J  S  A  X  Z  R  Z  Z
G  Z  R  A  R  J  S  S  L  T  E  Z  Ő  Ó
S  H  C  N  R  U  Y  É  M  U  T  U  U  D
A  E  A  D  N  J  A  G  I  S  V  E  Z  J
```

SZERZŐ	IRODALMI
KALAND	NARRÁTOR
KONTEXTUS	OLDAL
KETTŐSSÉG	VERS
ÍROTT	KÖLTÉSZET
EPIKUS	IDE VONATKOZÓ
TÖRTÉNET	REGÉNY
OLVASÓ	SOROZAT

74 - Chocolate

```
E W R K E S E R Ű C Y A Z S
G U H Ó A É M S Y J O N M B
Z C U K O R D Y R W Y T F U
O K W U T X A E P A V I W G
T E V S Y I A M S A R O M A
I D C Z S N G I E S Y X R B
K V Z D L X T N L D I E K
U E F I N O M Ő N G L D C G
S N J Ó F T E S I U R Á E G
Í C T I H B E É K U M N P Y
Z E B N K V L G X N D S T I
M K A L Ó R I A P O R S E W
K Y N D K A K A Ó G I V N Z
Ö S S Z E T E V Ő E S Y O L
```

CUKOR	FINOM
KESERŰ	ÉDES
ANTIOXIDÁNS	EGZOTIKUS
AROMA	KEDVENC
KAKAÓ	ÍZ
KALÓRIA	ÖSSZETEVŐ
KARAMELL	POR
KÓKUSZDIÓ	MINŐSÉG
ENNI	RECEPT

75 - Profissões #2

```
P  Ú  J  S  Á  G  Í  R  Ó  V  F  F  G  W
B  I  O  L  Ó  G  U  S  O  G  E  I  U  F
R  L  L  Z  F  O  V  E  H  A  S  L  L  W
E  L  W  Ó  A  H  F  B  F  Z  T  O  N  P
K  U  T  A  T  Ó  O  É  E  D  Ő  Z  Y  M
E  S  A  E  A  A  T  S  L  A  T  Ó  E  É
R  Z  H  O  N  S  Ó  Z  T  N  I  F  L  R
T  T  U  N  Á  N  S  C  A  M  L  U  V  N
É  R  A  I  R  G  R  U  L  I  O  S  É  Ö
S  Á  K  Ö  N  Y  V  T  Á  R  O  S  S  K
Z  T  O  R  V  O  S  X  L  U  P  G  Z  X
Z  O  O  L  Ó  G  U  S  Ó  L  V  R  S  R
Ű  R  H  A  J  Ó  S  E  S  E  D  T  E  J
F  O  G  O  R  V  O  S  S  A  O  I  Z  P
```

GAZDA	FELTALÁLÓ
ŰRHAJÓS	KUTATÓ
KÖNYVTÁROS	KERTÉSZ
BIOLÓGUS	ÚJSÁGÍRÓ
SEBÉSZ	NYELVÉSZ
FOGORVOS	ORVOS
MÉRNÖK	PILÓTA
FILOZÓFUS	FESTŐ
FOTÓS	TANÁR
ILLUSZTRÁTOR	ZOOLÓGUS

76 - Fazenda #2

```
Á  K  F  Z  S  N  T  R  A  K  T  O  R  G
F  R  É  T  U  W  E  C  T  D  M  B  É  Y
L  B  P  E  R  C  J  U  H  F  O  E  R  Ü
I  O  G  A  Z  D  A  D  L  Y  D  H  E  M
E  B  S  P  Á  S  Z  T  O  R  Y  A  T  Ö
L  Á  M  A  A  Á  L  L  A  T  O  K  T  L
K  R  Y  U  S  J  W  K  A  E  C  Z  N  C
B  Á  Y  B  E  M  T  D  A  G  D  O  Ö  S
Ö  N  T  Ö  Z  É  S  A  I  C  R  D  V  B
S  Y  K  U  K  O  R  I  C  A  S  J  É  Ú
J  K  D  M  É  H  K  A  S  H  W  A  N  Z
G  Y  Ü  M  Ö  L  C  S  Ö  S  V  S  Y  A
X  G  D  G  Y  C  D  Z  E  W  A  G  I  N
Y  Y  U  J  G  I  R  B  M  B  D  O  F  Z
```

GAZDA	ÉRETT
ÁLLATOK	KUKORICA
PAJTA	JUH
ÁRPA	PÁSZTOR
MÉHKAS	KACSA
BÁRÁNY	GYÜMÖLCSÖS
GYÜMÖLCS	RÉT
ÖNTÖZÉS	TRAKTOR
TEJ	BÚZA
LÁMA	NÖVÉNYI

77 - Jardim

```
E  G  Y  E  P  A  D  L  S  U  F  R  T  T
T  S  T  P  R  X  F  A  B  S  J  Ű  É  R
F  Ö  N  W  M  X  J  G  B  B  Y  T  R  A
Ü  K  M  T  A  V  A  C  S  K  A  O  A  M
G  G  E  L  A  P  Á  T  G  G  N  R  S  B
G  E  I  R  Ő  T  A  L  A  J  V  N  Z  U
Ő  R  D  H  Í  K  J  T  R  L  I  Á  X  L
Á  E  O  K  W  T  O  Y  Á  M  R  C  I  I
G  B  O  K  O  R  É  Z  Z  I  Á  T  F  N
Y  L  W  T  E  R  V  S  S  V  G  F  A  K
G  Y  Ü  M  Ö  L  C  S  Ö  S  Z  Ő  L  Ő
K  E  R  T  S  X  L  Y  F  T  H  S  B  S
D  M  Y  F  B  U  Z  C  N  S  V  C  G  D
I  D  P  G  N  P  G  Z  T  C  O  J  G  A
```

GEREBLYE	TAVACSKA
BOKOR	FÜGGŐÁGY
FA	TÖMLŐ
PAD	LAPÁT
KERÍTÉS	GYÜMÖLCSÖS
VIRÁG	TALAJ
GARÁZS	TERASZ
FŰ	TRAMBULIN
GYEP	TORNÁC
KERT	SZŐLŐ

78 - Oceano

```
B M A K O H G B L W I D R F
L E N O S A U Á Y X V L C X
N D G R Z J V L C S V E Y O
J Ú O A T Ó U N L R Á K E K
G Z L L R A Z A Z Á T O N Y
D A N L I L W B J A M F T Á
T E A K G F I Z I P T O E R
O P L G A R N É L A R Á K A
N G J F V P A T X S Z P N P
H W S Z I V A C S R C Z Ő Á
A X V M H N H Á N P K Z S L
L W G W A E H P V T S K J Y
L J Y M R I N A L L S C S V
C B Y X M N P O L I P D S Ó
```

TONHAL	MEDÚZA
BÁLNA	HULLÁMOK
HAJÓ	OSZTRIGA
GARNÉLARÁK	HAL
RÁK	POLIP
KORALL	ZÁTONY
ANGOLNA	SÓ
SZIVACS	TEKNŐS
DELFIN	VIHAR
ÁRAPÁLY	CÁPA

79 - Profissões #1

```
T  Ű  Z  O  L  T  Ó  P  S  G  B  V  Z  T
É  K  S  Z  E  R  É  S  Z  Z  A  J  C  E
R  T  P  V  H  G  M  Z  E  O  N  J  O  N
K  Á  U  A  I  H  Ű  I  R  N  K  E  C  G
É  N  G  D  K  U  V  C  K  G  Á  S  S  E
P  C  A  Á  Ó  D  É  H  E  O  R  N  I  R
É  O  W  S  Z  S  S  O  S  R  X  A  L  É
S  S  X  Z  X  H  Z  L  Z  I  Y  G  L  S
Z  Z  K  Á  P  O  L  Ó  T  S  N  Y  A  Z
S  E  Z  W  S  R  P  G  Ő  T  V  K  G  E
P  Z  N  A  D  Z  W  U  L  A  J  Ö  Á  D
A  F  A  É  R  N  Y  S  Y  K  A  V  S  O
L  K  P  B  S  Ü  G  Y  V  É  D  E  Z  K
H  E  P  B  Ó  Z  A  K  N  D  N  T  K  L
```

ÜGYVÉD	TÁNCOS
SZABÓ	SZERKESZTŐ
MŰVÉSZ	NAGYKÖVET
CSILLAGÁSZ	ÁPOLÓ
BANKÁR	ÉKSZERÉSZ
TŰZOLTÓ	TENGERÉSZ
VADÁSZ	ZENÉSZ
TÉRKÉPÉSZ	ZONGORISTA
TUDÓS	PSZICHOLÓGUS

80 - Campeonato

```
G  S  E  J  E  B  X  N  I  Z  Y  F  V  S
Y  P  T  D  Ö  N  T  Ő  S  N  B  W  N  F
Ő  Y  U  R  Z  X  V  V  S  J  L  I  R  E
Z  L  I  G  A  Ő  H  N  L  J  H  N  H  L
E  C  F  J  Á  T  É  K  O  K  G  X  G  J
L  T  G  P  K  C  É  J  F  Y  E  G  O  K
E  W  J  H  B  K  S  G  S  O  S  X  A  H
M  L  I  T  O  R  N  A  I  Z  P  O  W  N
É  R  E  M  M  H  W  X  P  A  O  W  L  P
E  W  M  A  J  H  K  I  T  A  R  T  Á  S
M  O  T  I  V  Á  C  I  Ó  F  T  Z  U  X
B  A  J  N  O  K  S  Á  G  B  Í  R  Ó  C
B  A  J  N  O  K  L  A  T  F  R  C  Z  W
T  E  L  J  E  S  Í  T  M  É  N  Y  B  E
```

BAJNOK	BÍRÓ
BAJNOKSÁG	LIGA
TELJESÍTMÉNY	ÉREM
CSAPAT	MOTIVÁCIÓ
SPORT	KITARTÁS
STRATÉGIA	TORNA
DÖNTŐS	EDZŐ
JÁTÉKOK	GYŐZELEM

81 - Castelos

```
A  A  N  D  Y  T  K  K  S  T  E  K  N  B
B  R  O  J  F  P  A  L  O  T  A  A  E  I
D  I  N  A  S  Z  T  I  A  R  O  R  M  R
U  F  A  N  E  U  O  L  K  N  O  D  E  O
Y  N  E  Z  V  J  R  P  I  D  M  N  S  D
S  K  F  U  U  I  O  S  Á  L  Ó  I  A  A
W  J  R  R  D  H  N  E  P  N  X  X  A  L
L  O  V  A  G  Á  Y  F  A  L  C  T  E  O
K  A  T  A  P  U  L  T  J  C  R  É  Z  M
S  Á  R  K  Á  N  Y  I  Z  T  W  B  L  P
W  C  T  A  E  Z  C  S  S  R  Y  C  B  E
X  G  L  E  N  M  I  H  E  R  C  E  G  R
K  I  R  Á  L  Y  S  Á  G  Y  Z  K  G  Ő
Y  T  E  H  E  R  C  E  G  N  Ő  H  F  D
```

PÁNCÉL	ERŐD
KATAPULT	BIRODALOM
LOVAG	NEMES
LÓ	PALOTA
KORONA	FAL
DINASZTIA	HERCEGNŐ
SÁRKÁNY	HERCEG
PAJZS	KIRÁLYSÁG
KARD	TORONY
FEUDÁLIS	

82 - Escola # 2

```
S Z Ó T Á R N Y E L V T A N
S Z E A O K T A T Á S V R S
R D I N C E R U Z A E T A S
T G R Á S Z Á M Í T Ó G É P
K U W R P A P Í R S X J W A
N Ö D A K A D É M I A I X G
S A N O L V A S Á S K I X N
N H P Y M A T E M A T I K A
L A Z T V Á J Á T É K O K Y
L S R I Á T N J G C U P R M
Z V M E H R Á Y S A U B S G
S D W E G G I R O D A L O M
T E V É K E N Y S É G E K C
K E L L É K E K Ö N Y V E K
```

AKADÉMIAI	JÁTÉKOK
TEVÉKENYSÉGEK	CERUZA
KÖNYVTÁR	OLVASÁS
NAPTÁR	IRODALOM
TUDOMÁNY	KÖNYVEK
SZÁMÍTÓGÉP	MATEMATIKA
SZÓTÁR	PAPÍR
OKTATÁS	TANÁR
NYELVTAN	KELLÉKEK

83 - Abelhas

```
W  S  G  R  O  V  A  R  S  S  V  L  H  S
X  O  R  Y  S  N  J  E  E  Ö  I  S  D  Z
X  K  G  A  Ü  L  S  J  W  K  R  A  E  Á
L  F  L  P  J  M  É  Z  A  O  Á  M  P  R
C  É  P  Y  N  W  Ö  K  S  S  G  R  U  N
É  L  Ő  H  E  L  Y  L  O  Z  O  F  N  Y
S  E  P  O  L  L  E  N  C  I  K  Ü  Ö  A
K  S  N  C  C  K  L  A  E  S  E  S  V  K
C  É  D  C  W  A  Ő  P  R  Z  R  T  É  L
E  G  H  T  O  P  N  M  T  T  T  M  N  C
V  I  R  Á  G  T  Y  U  N  É  G  Z  Y  J
B  R  F  V  V  Á  Ö  A  A  M  P  X  E  T
Z  B  X  A  C  R  S  V  I  A  S  Z  K  E
K  I  R  Á  L  Y  N  Ő  C  U  M  X  U  G
```

SZÁRNYAK	FÜST
ELŐNYÖS	ÉLŐHELY
VIASZ	ROVAR
KAPTÁR	KERT
SOKFÉLESÉG	MÉZ
ÖKOSZISZTÉMA	NÖVÉNYEK
RAJ	POLLEN
VIRÁG	KIRÁLYNŐ
VIRÁGOK	NAP
GYÜMÖLCS	

84 - Banheiro

```
R E V O I Z O H T I M T U P
B O Í R U R L O L L Ó Ö C T
T U Z Z N F X O W O M R S G
Z Z B A W G D T K B H Ü A S
U Z R O H N S X H B T L P H
H W C S R J T Z S K R K A F
A Z D Z N É Ü H I V T Ö R I
N B I A G R K X P V S Z F H
Y C O P M V Ö O B P A Ő Ü R
C X W P U G R G K U M C M W
V L E A F Ü R D Ő I P T S K
S Z Ő N Y E G D W Z O B A J
H F O E G O W S Y I N U M N
G V K R É M P X F Y J B V R
```

VÍZ	PARFÜM
WC	SZAPPAN
FÜRDŐ	SZŐNYEG
BUBORÉKOK	OLLÓ
ZUHANY	TÖRÜLKÖZŐ
TÜKÖR	CSAP
SZIVACS	GŐZ
KRÉM	SAMPON

85 - Ciência

```
L  S  R  É  S  Z  E  C  S  K  É  K  F  T
A  H  I  P  O  T  É  Z  I  S  Y  H  M  E
B  T  G  R  A  V  I  T  Á  C  I  Ó  K  R
O  U  M  O  L  E  K  U  L  Á  K  O  Í  M
R  D  É  G  H  A  J  L  A  T  O  P  S  É
A  Ó  M  M  E  G  F  I  G  Y  E  L  É  S
T  S  E  Ó  C  J  F  I  Z  I  K  A  R  Z
Ó  É  L  V  D  K  É  M  I  A  I  G  L  E
R  J  N  N  O  S  Z  E  R  V  E  Z  E  T
I  O  O  Y  O  L  Z  A  T  O  M  I  T  Y
U  H  A  D  A  T  Ú  E  D  G  F  B  W  H
M  I  R  Y  Z  S  L  C  R  E  C  O  U  W
N  Ö  V  É  N  Y  E  K  I  Z  K  U  T  W
F  O  S  S  Z  I  L  I  S  Ó  B  F  J  D
```

ATOM	HIPOTÉZIS
TUDÓS	LABORATÓRIUM
ÉGHAJLAT	MÓDSZER
ADAT	MOLEKULÁK
EVOLÚCIÓ	TERMÉSZET
KÍSÉRLET	MEGFIGYELÉS
TÉNY	SZERVEZET
FIZIKA	RÉSZECSKÉK
FOSSZILIS	NÖVÉNYEK
GRAVITÁCIÓ	KÉMIAI

86 - Cores

```
N A L P I B N S J H M H G U
S A F N L J A H D I P N A B
Z P R U P I I R K C F K M D
É I Ó A K R Y P N Y N H Z X
P R Z L N S Á R G A C I Á N
I O S I S C Z I F V I N U T
A S A L X A S I B O L Y A K
Y S S A A V S E A J G X T É
B É Z S Z Ü R K E T J F R K
T F Í B Í B O R V Ö R Ö S F
L B N I Z W Y A V O Z L O X
S F E K E T E A V H Ö M X V
G M W G Z U J Z U C L C P V
F E H É R C G Y N A D W Y E
```

SÁRGA	BARNA
KÉK	FEKETE
BÉZS	RÓZSASZÍN
FEHÉR	LILA
CIÁN	SZÉPIA
SZÜRKE	ZÖLD
FUKSZIA	PIROS
NARANCS	IBOLYA
BÍBORVÖRÖS	

87 - Comida #1

```
C F F T S T S Ó O A M S K V
J Ö O J A E O M Y C H Á L O
A L K J L J O N E P E R I A
S D H J Á R P A H E A G G L
P I A F T V M V V A K A L G
E M G I A L E V E S L B F Y
N O Y F E H É R R É P A D Ü
Ó G M D P H B N C I T R O M
T Y A P H A A X L I V A D Ö
T O R T A N F G N R D C Y L
S R C U K O R A Y F N K Z C
A Ó I F R T O C H M C Y Z S
S Á R G A R É P A É A K D L
B A Z S A L I K O M J U X É
```

CUKOR
FOKHAGYMA
FÖLDIMOGYORÓ
TONHAL
TORTA
FAHÉJ
HAGYMA
SÁRGARÉPA
ÁRPA
SÁRGABARACK

SPENÓT
TEJ
CITROM
BAZSALIKOM
EPER
FEHÉRRÉPA
SÓ
SALÁTA
LEVES
GYÜMÖLCSLÉ

88 - Pássaros

```
G  P  A  M  F  A  F  G  B  G  É  M  S  P
V  A  R  J  Ú  I  O  P  Ó  F  O  K  T  E
E  P  L  S  D  S  I  R  Á  L  Y  K  R  L
R  A  D  A  H  A  T  T  Y  Ú  Y  R  U  I
É  G  T  L  M  D  F  L  I  B  A  A  C  K
B  Á  B  J  X  B  L  K  A  C  S  A  C  Á
I  J  Y  G  N  R  A  H  L  N  R  O  D  N
F  N  H  C  M  S  M  B  Z  P  C  E  T  V
C  N  X  J  K  H  I  T  O  J  Á  S  U  L
D  S  Z  W  B  I  N  I  K  A  K  U  K  K
S  C  I  P  I  N  G  V  I  N  H  X  Á  K
J  L  G  R  P  R  Ó  U  W  K  F  J  N  I
W  G  G  P  K  S  A  S  P  K  K  S  D  R
E  Z  J  N  D  E  P  Á  V  A  E  D  Y  G
```

STRUCC	GÉM
SAS	TOJÁS
GÓLYA	PAPAGÁJ
HATTYÚ	VERÉB
VARJÚ	KACSA
KAKUKK	PÁVA
FLAMINGÓ	PELIKÁN
CSIRKE	PINGVIN
SIRÁLY	GALAMB
LIBA	TUKÁN

89 - Virtudes #1

```
M  S  E  T  W  B  I  B  J  F  T  V  H  S
H  Ű  Z  M  Z  T  Z  Ö  Ó  D  B  I  H  Z
W  L  V  E  A  B  N  L  A  R  C  C  A  E
U  G  A  É  R  G  N  C  O  Y  P  C  T  N
N  A  B  X  S  É  A  S  E  P  R  E  É  V
V  F  D  B  K  Z  N  B  Á  J  O  S  K  E
F  I  R  E  B  J  I  Y  I  Z  J  V  O  D
F  Ü  G  G  E  T  L  E  N  Z  E  N  N  É
H  A  S  Z  N  O  S  D  Ö  N  T  Ő  Y  L
N  A  G  Y  L  E  L  K  Ű  B  T  O  G  Y
T  I  S  Z  T  A  B  E  T  E  G  D  S  E
K  Í  V  Á  N  C  S  I  N  J  A  L  J  S
G  Y  A  K  O  R  L  A  T  I  H  L  R  K
O  I  N  T  E  L  L  I  G  E  N  S  V  R
```

SZENVEDÉLYES	NAGYLELKŰ
MŰVÉSZI	FÜGGETLEN
JÓ	INTELLIGENS
MAGABIZTOS	TISZTA
KÍVÁNCSI	SZERÉNY
DÖNTŐ	BETEG
HATÉKONY	GYAKORLATI
BÁJOS	BÖLCS
VICCES	HASZNOS

90 - Literatura

```
K M L E Í R Á S W M A E X R
P Ö E L E M Z É S E A V B I
Á N V T É M A S Z E R Z Ő T
R A É E A F U N R C G U Z M
B R L A T F I K Í G Z C O U
E R E N Y K O K M V E R S S
S Á M A Y Ö E R C N M E U L
Z T É L M L P Z A I N K C S
É O N Ó X T F B T A Ó V Z T
D R Y G D Ő R Y X E H H D Í
S V N I F I X S C A T S H L
O N K A N E K D O T A É W U
É L E T R A J Z T I K J S S
H O H H R E G É N Y I V T E
```

ANALÓGIA
ELEMZÉS
ANEKDOTA
SZERZŐ
ÉLETRAJZ
KÖVETKEZTETÉS
LEÍRÁS
PÁRBESZÉD
STÍLUS
FIKCIÓ

METAFORA
NARRÁTOR
VÉLEMÉNY
VERS
KÖLTŐI
RÍM
RITMUS
REGÉNY
TÉMA

91 - Clima

```
N D N D S Z I V Á R V Á N Y
É P X L N Z F P A E J L Z V
G G Y T F Z E O L É G K Ö R
S V H L V T L L A S Z Á L Y
S H I A K R H Á L E Y G B S
K Ö D L J U Ő R L Ő H P U Z
Z K L H L L V I H A R S C É
K U C U P Á A S Z Á R A Z L
J T L R F D M T O R N Á D Ó
J W T R Ó P U S I U O X A K
Z Z L I M O N S Z U N U U I
J É G K U J K T T N Y L F Y
G L A Á Y I F U V B Y I H F
T M E N N Y D Ö R G É S X J
```

SZIVÁRVÁNY
LÉGKÖR
SZELLŐ
ÉG
ÉGHAJLAT
HURRIKÁN
JÉG
MONSZUN
KÖD
FELHŐ

POLÁRIS
VILLÁM
ASZÁLY
SZÁRAZ
VIHAR
TORNÁDÓ
TRÓPUSI
MENNYDÖRGÉS
SZÉL

92 - Tecnologia

```
B  I  D  X  Ü  Z  E  N  E  T  I  Z  K  B
E  Ö  L  I  R  W  G  O  O  B  N  E  A  I
T  A  N  H  G  J  W  A  D  A  T  U  M  Z
Ű  X  K  G  N  I  Z  N  L  W  E  V  E  T
T  V  U  Z  É  T  T  L  Z  R  R  I  R  O
Í  K  T  L  E  S  F  Á  J  L  N  R  A  N
P  U  A  U  G  J  Z  T  L  J  E  T  K  S
U  R  T  B  X  A  I  Ő  V  I  T  U  É  Á
S  Z  Á  M  Í  T  Ó  G  É  P  S  Á  P  G
P  O  S  Z  V  B  L  O  G  H  V  L  E  V
K  R  F  Z  U  Á  P  S  W  F  R  I  R  Í
M  I  B  W  H  J  B  I  B  V  J  S  N  R
X  S  Z  O  F  T  V  E  R  O  D  C  Y  U
S  T  A  T  I  S  Z  T  I  K  A  T  Ő  S
```

FÁJL	INTERNET
BLOG	ÜZENET
BÁJT	BÖNGÉSZŐ
KAMERA	KUTATÁS
SZÁMÍTÓGÉP	BIZTONSÁG
KURZOR	SZOFTVER
ADAT	KÉPERNYŐ
DIGITÁLIS	VIRTUÁLIS
STATISZTIKA	VÍRUS
BETŰTÍPUS	

93 - Arte

```
R T E H U Z Ö P J P K T S U
T Á R G Y M S M S F I I Z K
S E I E R J S E Z E F S I O
X Z V A K H Z R Ü S E Z M H
R O O T V S E E R T J E B A
K L Y B S K T D R M E M Ó N
Z M O V O J É E E É Z É L G
A L P I S R T T A N É L U U
Ő S Z I N T E I L Y S Y M L
R A J F U P L F I E P E Z A
I H L E T E T T Z K A S U T
E G Y S Z E R Ű M Z R S V L
K E R Á M I A J U S O D L V
K T Z K Ö L T É S Z E T E M
```

KERÁMIA
ÖSSZETÉTEL
SZOBOR
KIFEJEZÉS
ŐSZINTE
HANGULAT
IHLETETT
EREDETI

SZEMÉLYES
FESTMÉNYEK
KÖLTÉSZET
EGYSZERŰ
SZIMBÓLUM
TÁRGY
SZÜRREALIZMUS

94 - Dinossauros

```
K  S  Z  J  M  N  A  P  M  N  X  F  A  J
U  K  Z  V  M  A  Y  V  É  Ö  D  A  G  J
O  K  I  Á  D  G  M  K  R  V  I  R  O  N
Z  R  K  B  R  Y  S  U  E  É  F  O  N  H
H  Ü  L  L  Ő  N  P  O  T  N  Ö  K  O  H
O  A  G  E  O  Y  Y  Y  O  Y  L  C  S  G
E  C  T  N  Z  H  A  A  R  E  D  P  Z  X
J  V  N  A  E  R  Ő  S  K  V  R  F  N  N
C  V  Z  J  L  V  G  A  I  Ő  R  H  U  T
E  A  Z  P  B  M  I  N  D  E  N  E  V  Ő
H  Ú  S  E  V  Ő  A  E  L  T  Ű  N  É  S
Ő  S  K  O  R  I  Z  S  Á  K  M  Á  N  Y
R  A  P  T  O  R  E  V  O  L  Ú  C  I  Ó
F  O  S  S  Z  Í  L  I  Á  K  R  V  B  T
```

SZÁRNYAK	MAMUT
HÚSEVŐ	MINDENEVŐ
FAROK	ERŐS
ELTŰNÉS	ZSÁKMÁNY
HATALMAS	ŐSKORI
FAJ	RAPTOR
EVOLÚCIÓ	HÜLLŐ
FOSSZÍLIÁK	MÉRET
NAGY	FÖLD
NÖVÉNYEVŐ	GONOSZ

95 - Esportes

```
Y  Y  A  M  R  J  M  J  J  T  Y  A  D  R
V  B  T  T  T  Á  Y  Á  Á  E  E  D  Z  Ő
O  A  E  J  L  T  U  T  T  N  D  K  O  S
K  S  K  O  C  É  I  É  É  I  H  O  K  I
O  E  W  M  L  K  T  K  K  S  S  S  X  M
H  B  R  I  U  O  M  A  V  Z  T  Á  N  K
S  A  P  É  E  S  O  X  E  T  A  R  N  W
S  L  G  U  K  Y  Z  F  Z  P  D  L  T  F
D  L  O  Y  T  P  G  A  E  D  I  A  O  I
B  I  L  A  Ő  L  Á  X  T  J  O  B  R  M
U  F  F  B  K  Z  S  R  Ő  A  N  D  N  C
C  S  A  P  A  T  T  V  T  C  B  A  A  G
F  B  O  E  K  R  L  E  N  U  H  R  F  X
B  B  B  A  J  N  O  K  S  Á  G  T  V  O
```

ATLÉTA
JÁTÉKVEZETŐ
KOSÁRLABDA
BASEBALL
KERÉKPÁR
BAJNOKSÁG
CSAPAT
STADION
GYŐZTES

TORNA
GOLF
HOKI
JÁTÉKOS
JÁTÉK
MOZGÁS
TENISZ
EDZŐ

96 - Comida # 2

```
S  R  B  H  R  T  A  E  L  Y  A  P  B  G
A  L  M  A  J  I  A  H  M  M  R  A  R  O
J  B  D  T  M  E  Z  Z  A  P  T  D  O  M
T  C  S  I  R  K  E  S  S  L  I  L  K  B
P  S  J  O  G  H  U  R  T  W  C  I  K  A
A  E  W  T  K  I  V  I  E  G  S  Z  O  X
R  R  S  O  N  K  A  D  A  K  Ó  S  L  B
A  E  G  J  M  T  C  E  H  T  K  Á  I  Z
D  S  R  Á  P  A  M  E  U  B  A  N  Á  N
I  Z  O  S  S  Y  N  R  E  Ú  B  P  D  I
C  N  T  J  A  L  A  D  R  Z  O  M  E  O
S  Y  Z  A  I  I  R  O  U  A  S  N  D  R
O  E  S  Z  Ő  L  Ő  U  L  L  Y  G  M  Y
M  C  S  O  K  O  L  Á  D  É  A  O  F  B
```

ARTICSÓKA	JOGHURT
MANDULA	KIVI
RIZS	ALMA
BANÁN	TOJÁS
PADLIZSÁN	HAL
BROKKOLI	SONKA
CSERESZNYE	SAJT
CSOKOLÁDÉ	PARADICSOM
GOMBA	BÚZA
CSIRKE	SZŐLŐ

97 - Barcos

```
K  P  A  T  E  N  G  E  R  É  S  Z  K  B
E  L  I  U  D  L  M  L  A  W  K  D  A  Ó
N  I  B  T  E  N  G  E  R  I  D  J  J  J
U  M  N  A  R  S  J  G  M  F  O  X  A  A
M  H  C  J  D  V  O  É  T  X  K  H  K  J
I  J  Z  G  J  L  E  N  W  Y  K  O  E  Y
Ó  A  F  K  K  O  B  Y  I  D  Ö  R  M  M
C  C  T  O  M  P  U  S  Z  E  T  G  O  P
R  H  E  R  L  N  E  É  B  W  É  O  T  D
Z  T  N  Á  C  Y  R  G  T  I  L  N  O  A
M  F  G  R  N  T  Ó  Z  T  L  V  Y  R  G
A  T  E  B  L  V  J  D  C  D  N  T  D  Á
N  L  R  O  H  U  L  L  Á  M  O  K  Z  L
D  F  A  C  F  S  A  T  K  Y  Z  L  L  Y
```

HORGONY	TENGER
KOMP	DAGÁLY
BÓJA	TENGERÉSZ
KAJAK	ÁRBOC
KENU	MOTOR
KÖTÉL	TENGERI
DOKK	ÓCEÁN
JACHT	HULLÁMOK
TUTAJ	FOLYÓ
TÓ	LEGÉNYSÉG

98 - Piratas

```
I  I  I  T  V  C  W  T  B  S  N  V  T  M
R  R  Ó  C  E  Á  N  É  K  A  L  A  N  D
W  Z  X  A  S  B  A  R  L  A  N  G  B  B
S  Z  A  R  Z  T  T  K  É  R  Z  S  P  X
P  D  A  A  É  L  K  É  R  K  U  J  C  A
O  U  G  N  L  S  I  P  M  I  X  M  L  I
H  E  G  Y  Y  Z  N  L  É  R  O  S  S  Z
S  O  C  P  K  I  C  Y  K  R  X  I  C  I
K  T  R  K  X  G  S  U  P  P  A  R  M  C
F  F  R  G  P  E  K  A  P  I  T  Á  N  Y
C  P  N  A  O  T  D  K  A  R  D  N  F  R
B  E  A  I  N  N  M  F  V  P  R  Y  K  V
N  A  R  Y  V  D  Y  Z  W  O  J  T  V  P
P  A  P  A  G  Á  J  I  W  F  V  Ű  D  E
```

KALAND	ROSSZ
HORGONY	ÉRMÉK
IRÁNYTŰ	ÓCEÁN
KAPITÁNY	ARANY
BARLANG	PAPAGÁJ
HEG	VESZÉLY
KARD	STRAND
SZIGET	RUM
TÉRKÉP	KINCS

99 - Mamíferos

```
G P J P K H Z C G K Z X L J
O R U C J H S D E L F I N Ó
R É H Ó D V I H S T W T Y T
I R M G W O R C F L G O Ú R
L I E A D R Á Z A Y Z I L X
L F W C C O F E R T E V E T
A A A L D S H F K I B M U M
M R E K P Z K S A Z R Ó K A
O K K A C L D A S B A R U J
G A F F V Á D P A K O L T O
A S B Á L N A C Y Z M Y Y M
I R C I S D W J G L A T A R
G R P B K E N G U R U Y C N
D X A E T A E L E F Á N T B
```

BÁLNA	ZSIRÁF
TEVE	DELFIN
KENGURU	GORILLA
HÓD	OROSZLÁN
LÓ	FARKAS
KUTYA	MAJOM
NYÚL	JUH
PRÉRIFARKAS	RÓKA
ELEFÁNT	BIKA
MACSKA	ZEBRA

100 - Atividades e Lazer

```
T  J  H  D  K  H  O  B  B  I  Y  K  V  S
F  E  G  D  L  O  K  Ú  C  L  V  E  E  Z
U  V  N  J  B  U  S  V  T  R  T  M  R  Ö
T  Y  M  I  K  T  M  Á  Ú  Ö  Z  P  S  R
B  T  R  O  S  A  Ű  R  R  P  V  I  E  F
A  L  S  O  I  Z  V  K  Á  L  B  N  N  Ö
L  X  I  P  K  Á  É  O  Z  A  A  G  Y  Z
L  X  Z  X  O  S  S  D  Á  B  S  B  Z  É
L  Y  U  A  Ú  S  Z  Á  S  D  E  V  D  S
B  C  W  D  H  R  E  S  K  A  B  N  R  A
G  P  I  H  E  N  T  E  T  Ő  A  B  I  V
Z  O  B  O  K  S  Z  L  X  A  L  V  X  C
H  A  L  Á  S  Z  A  T  M  O  L  J  N  A
N  Z  O  F  E  S  T  M  É  N  Y  E  A  Z
```

KEMPING   BÚVÁRKODÁS
MŰVÉSZET   ÚSZÁS
KOSÁRLABDA   HALÁSZAT
BASEBALL   FESTMÉNY
BOKSZ   PIHENTETŐ
TÚRÁZÁS   SZÖRFÖZÉS
VERSENY   TENISZ
FUTBALL   UTAZÁS
GOLF   RÖPLABDA
HOBBI

1 - Dirigindo

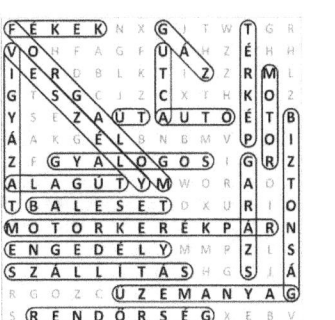

2 - Atividades

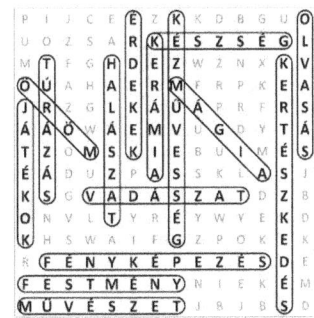

3 - Churrascos

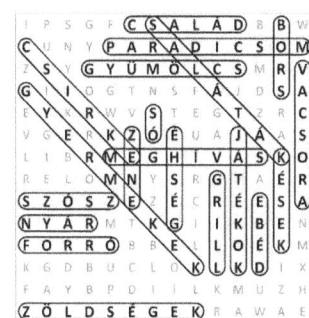

4 - Pesca

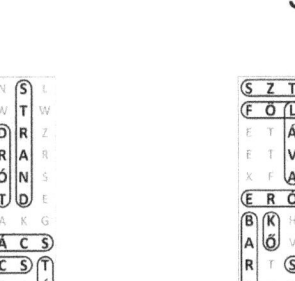

5 - Geologia

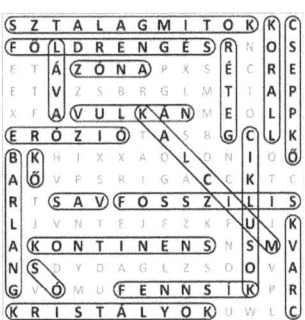

6 - Móveis

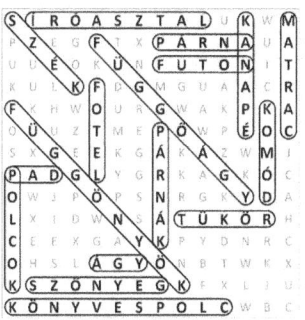

7 - Tempo

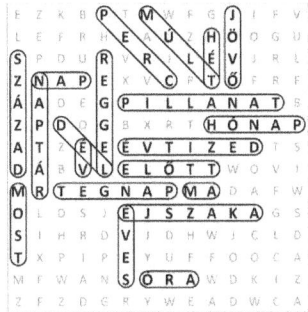

8 - Astronomia

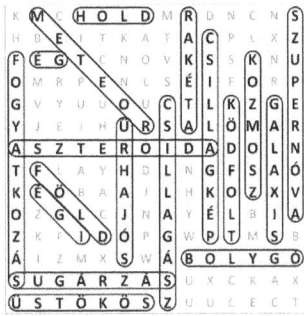

9 - Circo

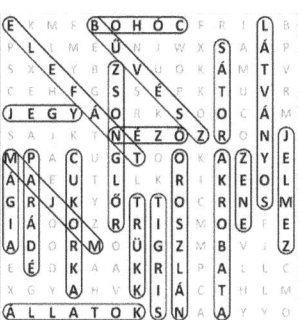

10 - Acampamento

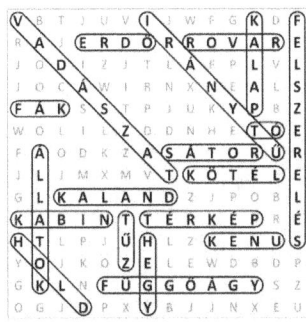

11 - Emoções

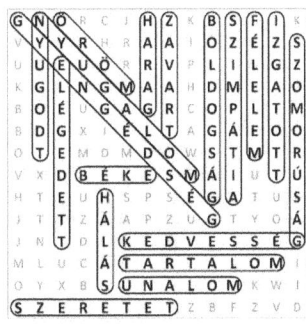

12 - Ficção Científica

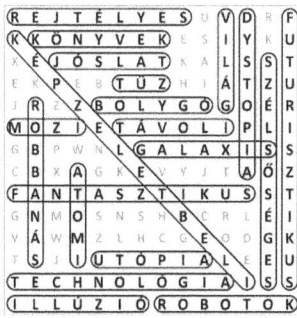

13 - Mitologia

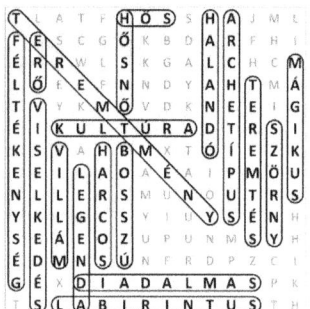

14 - Medições

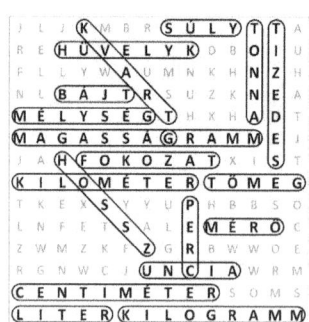

15 - Plantas

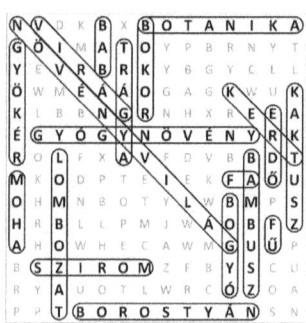

16 - Veículos

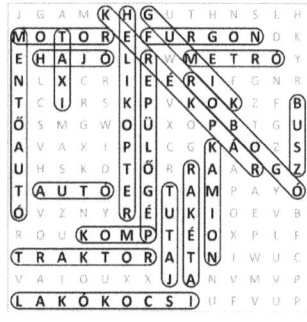

17 - Restaurante # 2

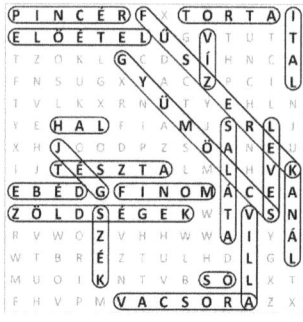

18 - Países #2

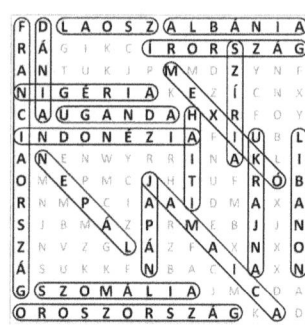

19 - Cozinha

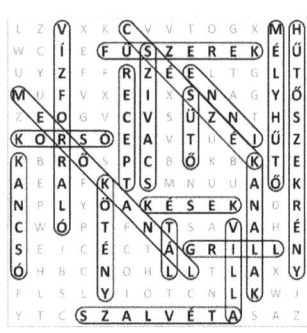

20 - Brinquedos

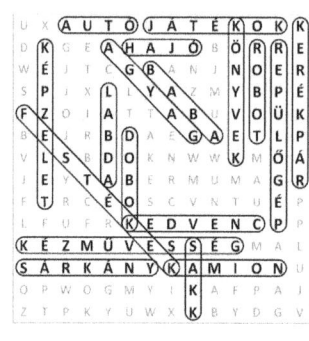

21 - Verão

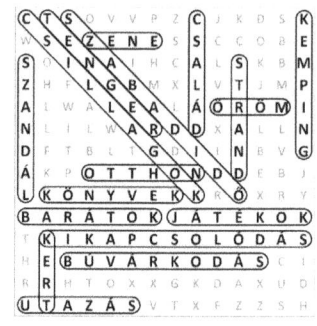

22 - Material de Arte

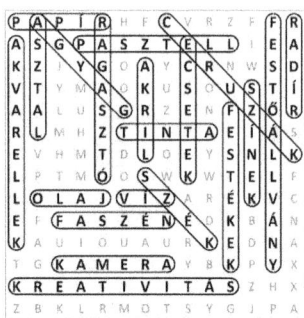

23 - Números

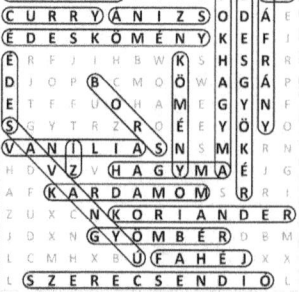

24 - Especiarias

25 - Aniversário

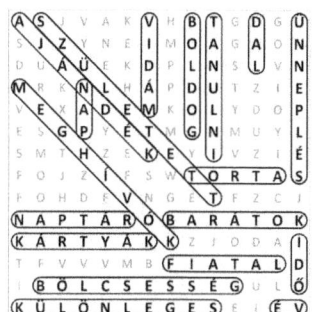

26 - Casa

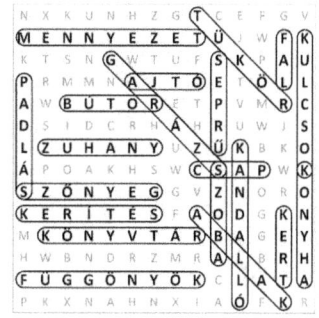

27 - Vegetais

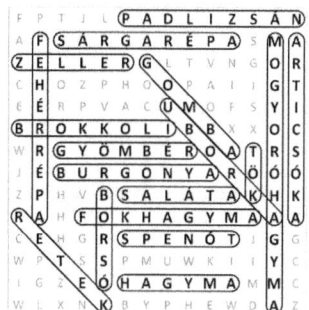

28 - Exploração

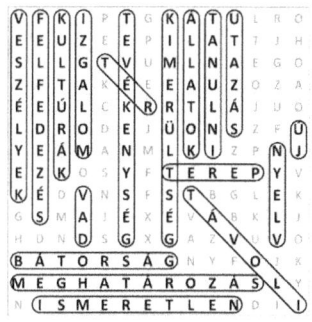

29 - Balé

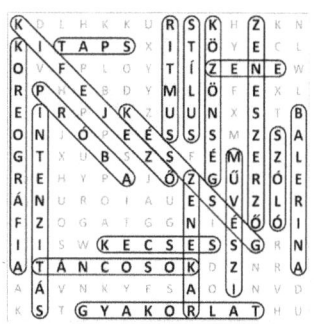

30 - Conservação

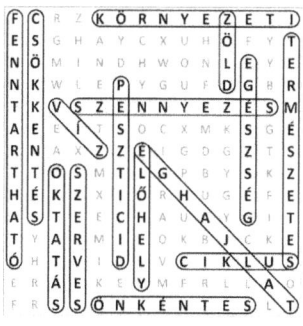

31 - Adjetivos #1

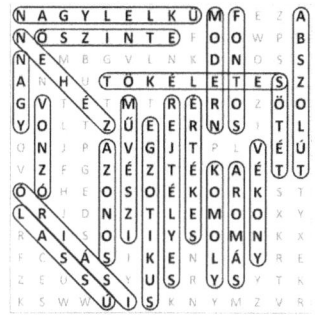

32 - Insetos

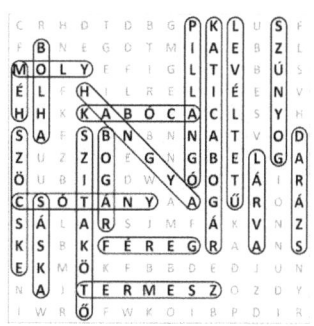

33 - Paisagens

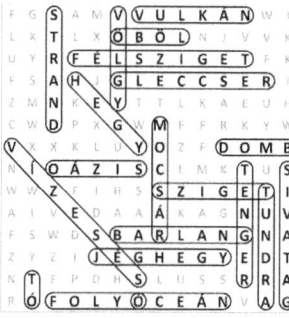

34 - Dança

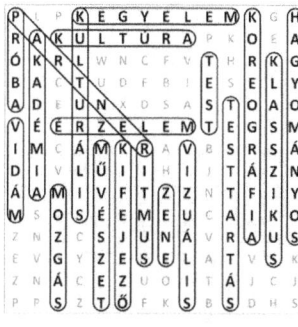

35 - Nutrição

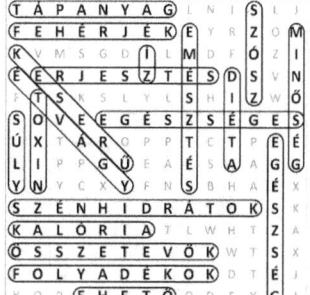

36 - Disciplinas Científicas

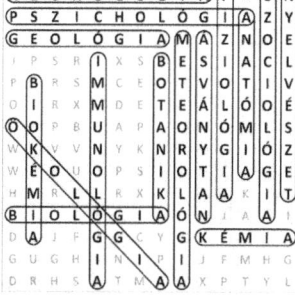

37 - Meditação

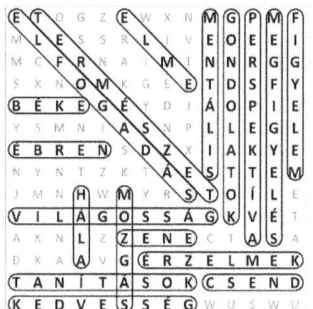

38 - Gatos

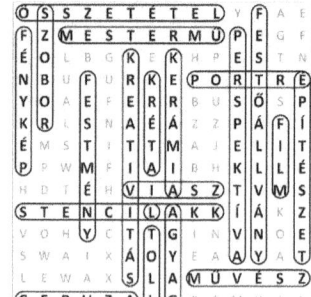

39 - Artes Visuais

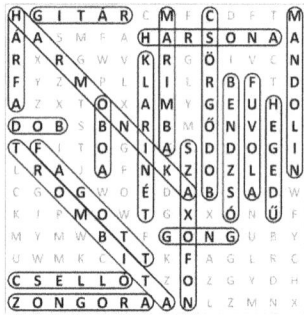

40 - Instrumentos Musicais

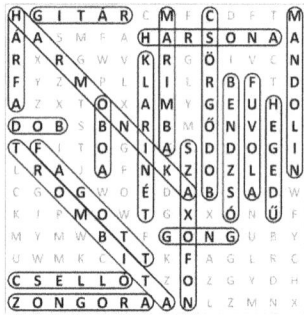

41 - Escola #1

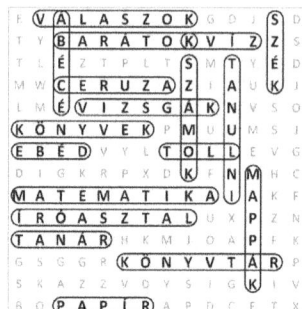

42 - Adjetivos #2

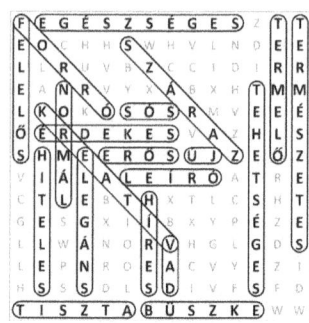

43 - Roupas

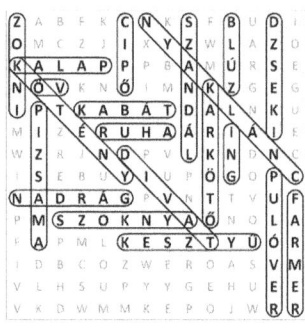

44 - Herbalismo

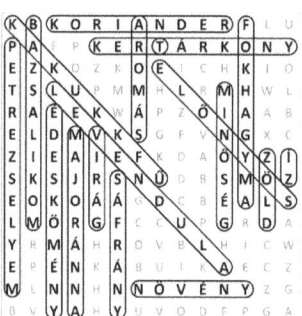

45 - Frutas

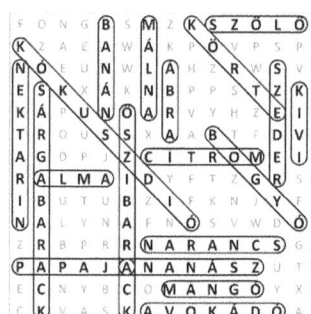

46 - Corpo Humano

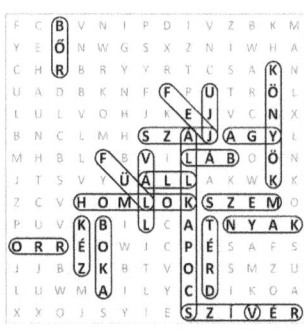

47 - Restaurante #1

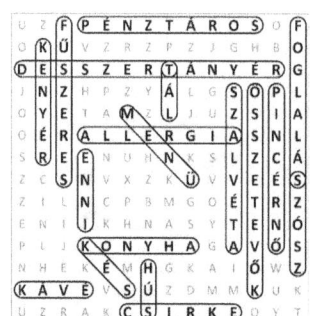

48 - Caminhada

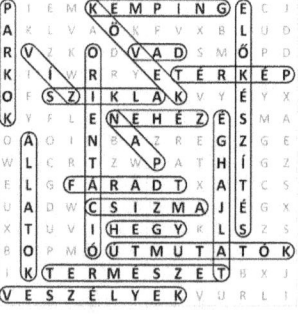

49 - Água

50 - Sons

51 - Ecologia

52 - Família

53 - Férias #2

54 - Edifícios

55 - Praia

56 - Xadrez

57 - Aventura

58 - Floresta Tropical

59 - Cidade

60 - Matemática

61 - Natureza

62 - Preencher

63 - Animais de Estimação

64 - Escalada

65 - Aviões

66 - Tipos de Cabelo

67 - Formas

68 - Dias e Meses

69 - Geografia

70 - Antártica

71 - Flores

72 - Fazenda #1

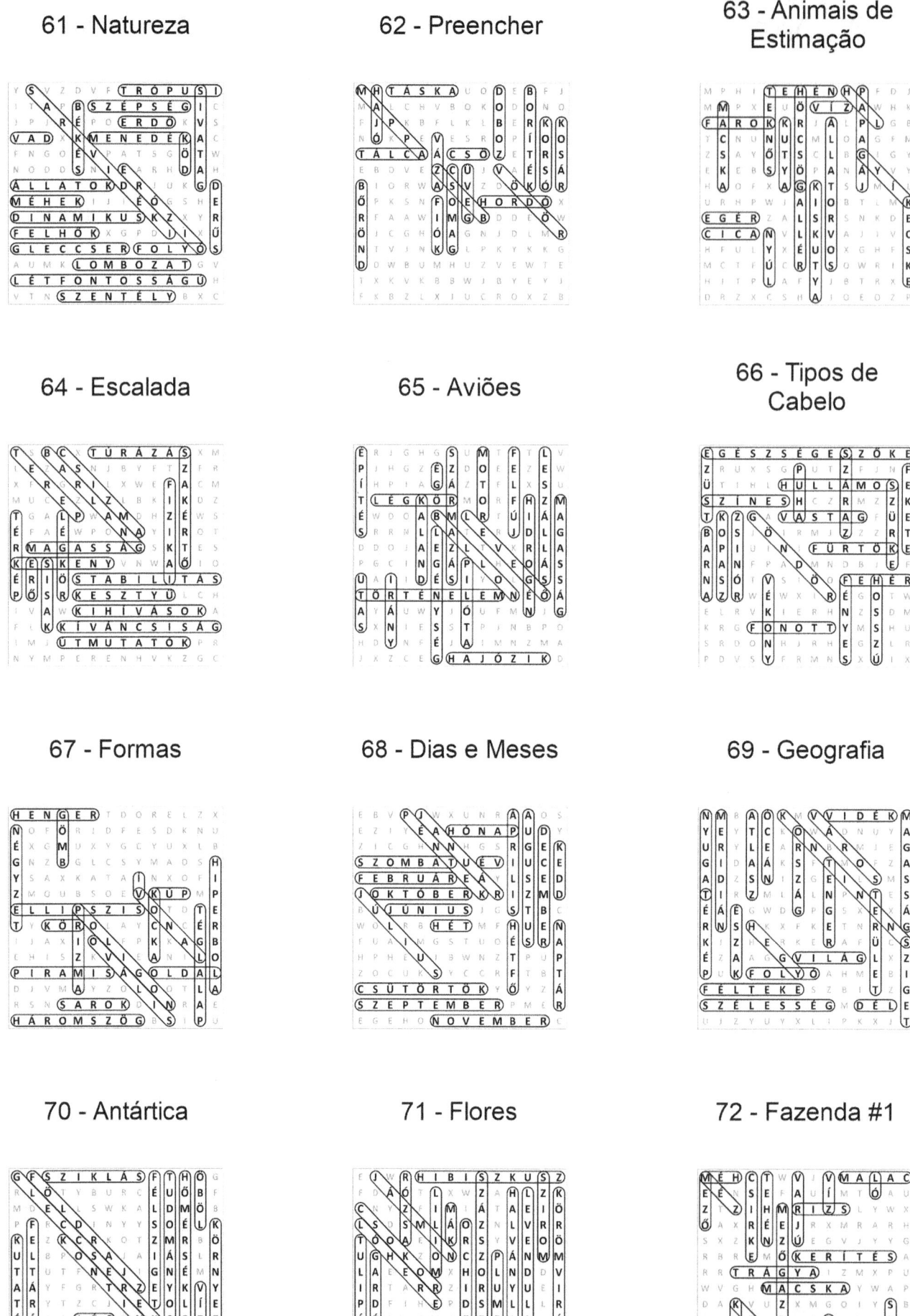

73 - Livros

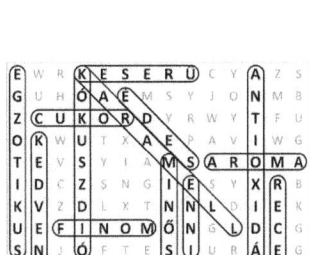

74 - Chocolate

75 - Profissões #2

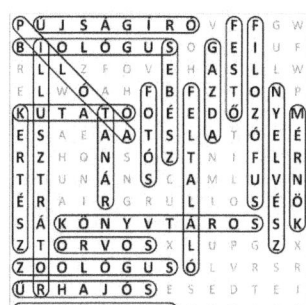

76 - Fazenda #2

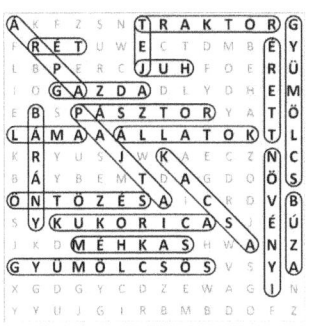

77 - Jardim

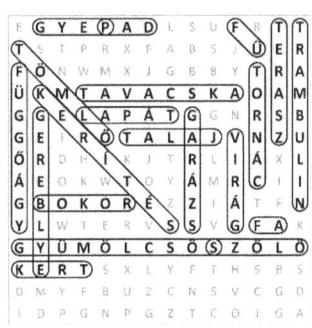

78 - Oceano

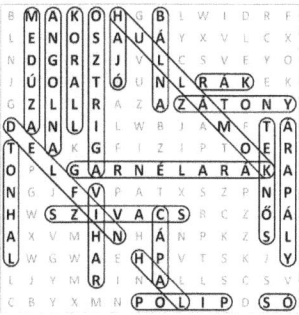

79 - Profissões #1

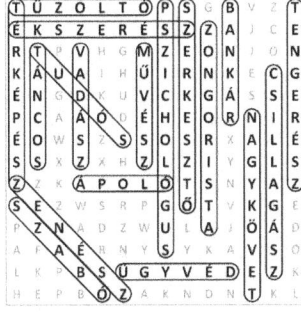

80 - Campeonato

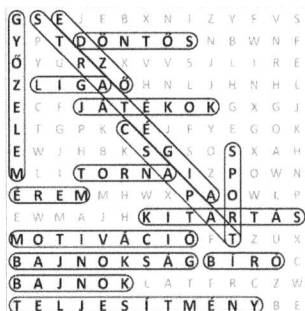

81 - Castelos

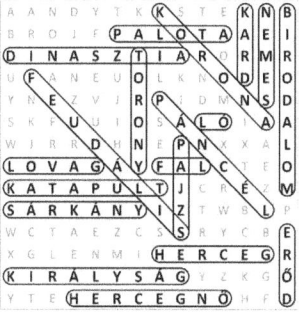

82 - Escola # 2

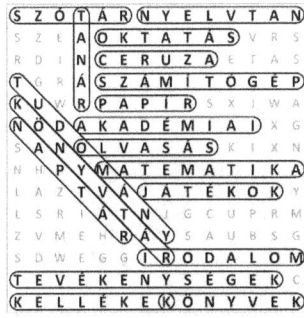

83 - Abelhas

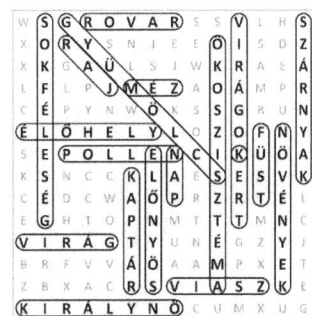

84 - Banheiro

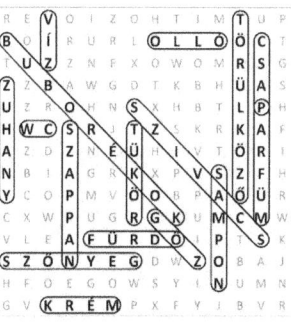

85 - Ciência

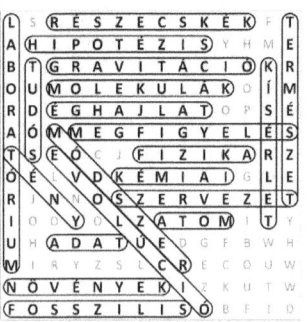

86 - Cores

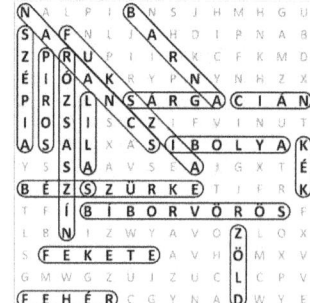

87 - Comida #1

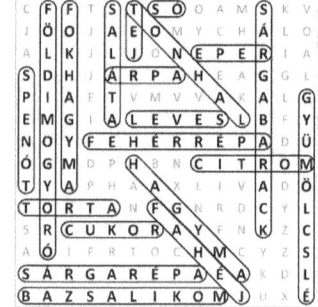

88 - Pássaros

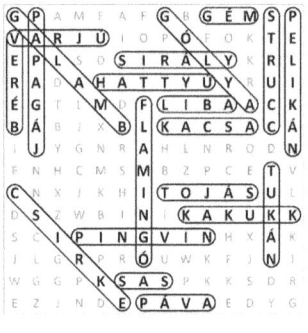

89 - Virtudes #1

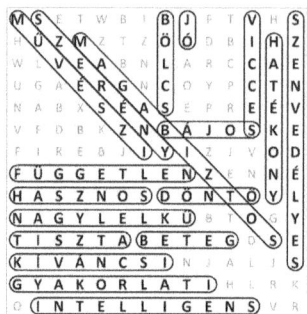

90 - Literatura

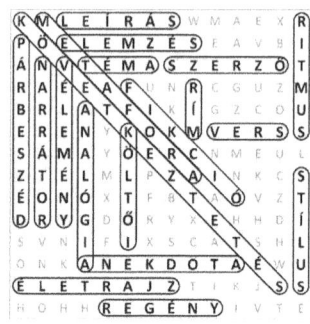

91 - Clima

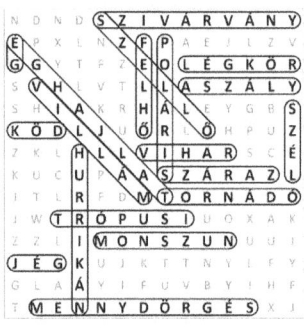

92 - Tecnologia

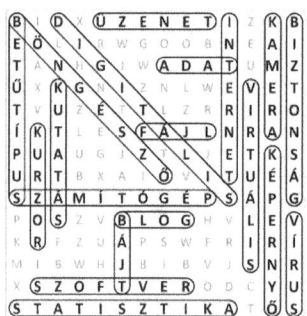

93 - Arte

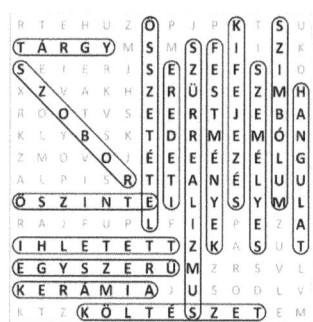

94 - Dinossauros

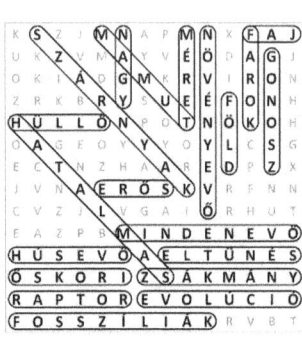

95 - Esportes

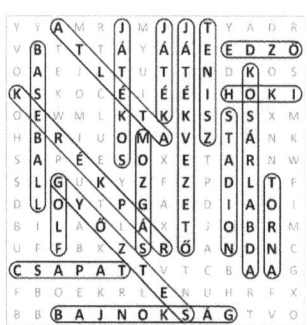

96 - Comida # 2

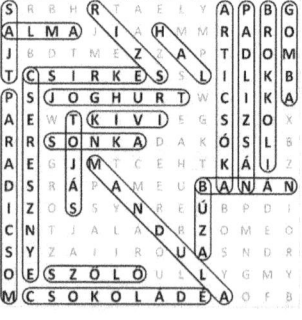

97 - Barcos

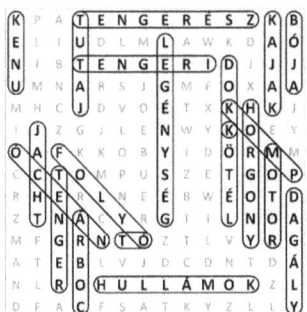

98 - Piratas

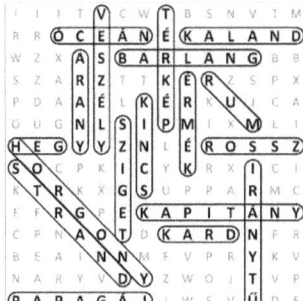

99 - Mamíferos

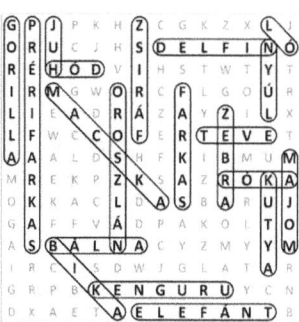

100 - Atividades e Lazer

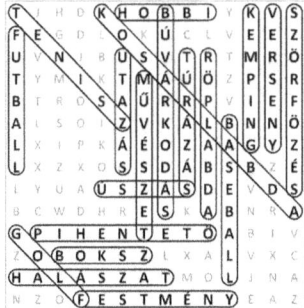

Dicionário

Abelhas
Méhek

Asas	Szárnyak
Benéfico	Előnyös
Cera	Viasz
Colmeia	Kaptár
Diversidade	Sokféleség
Ecossistema	Ökoszisztéma
Enxame	Raj
Flor	Virág
Flores	Virágok
Fruta	Gyümölcs
Fumaça	Füst
Habitat	Élőhely
Inseto	Rovar
Jardim	Kert
Mel	Méz
Plantas	Növények
Pólen	Pollen
Rainha	Királynő
Sol	Nap

Acampamento
Kemping

Animais	Állatok
Aventura	Kaland
Árvores	Fák
Bússola	Iránytű
Cabine	Kabin
Caça	Vadászat
Canoa	Kenu
Chapéu	Kalap
Corda	Kötél
Equipamento	Felszerelés
Floresta	Erdő
Fogo	Tűz
Inseto	Rovar
Lago	Tó
Lua	Hold
Maca	Függőágy
Mapa	Térkép
Montanha	Hegy
Natureza	Természet
Tenda	Sátor

Adjetivos #1
Melléknevek #1

Absoluto	Abszolút
Aromático	Aromás
Artístico	Művészi
Atraente	Vonzó
Enorme	Óriási
Escuro	Sötét
Exótico	Egzotikus
Fino	Vékony
Generoso	Nagylelkű
Grande	Nagy
Honesto	Őszinte
Idêntico	Azonos
Importante	Fontos
Lento	Lassú
Misterioso	Rejtélyes
Moderno	Modern
Perfeito	Tökéletes
Pesado	Nehéz
Sério	Komoly
Valioso	Értékes

Adjetivos #2
Melléknevek #2

Autêntico	Hiteles
Criativo	Kreatív
Descritivo	Leíró
Dotado	Tehetséges
Elegante	Elegáns
Famoso	Híres
Forte	Erős
Interessante	Érdekes
Natural	Természetes
Normal	Normál
Novo	Új
Orgulhoso	Büszke
Produtivo	Termelő
Puro	Tiszta
Quente	Forró
Responsável	Felelős
Salgado	Sós
Saudável	Egészséges
Seco	Száraz
Selvagem	Vad

Animais de Estimação
Háziállatok

Água	Víz
Cabra	Kecske
Cachorro	Kiskutya
Cauda	Farok
Cão	Kutya
Coelho	Nyúl
Colarinho	Gallér
Gatinho	Cica
Gato	Macska
Hamster	Hörcsög
Lagarto	Gyík
Mouse	Egér
Papagaio	Papagáj
Peixe	Hal
Tartaruga	Teknős
Vaca	Tehén
Veterinário	Állatorvos

Aniversário
Születésnap

Alegre	Vidám
Amigos	Barátok
Ano	Év
Aprender	Tanulni
Bolo	Torta
Calendário	Naptár
Canção	Dal
Cartões	Kártyák
Celebração	Ünneplés
Convites	Meghívók
Dia	Nap
Dom	Ajándék
Especial	Különleges
Feliz	Boldog
Jovem	Fiatal
Nascer	Született
Sabedoria	Bölcsesség
Tempo	Idő
Velas	Gyertyák

Antártica
Antarktisz

Ambiente	Környezet
Água	Víz
Baía	Öböl
Baleias	Bálnák
Científico	Tudományos
Conservação	Megőrzés
Continente	Kontinens
Expedição	Expedíció
Exploração	Feltárás
Geleiras	Gleccserek
Gelo	Jég
Geografia	Földrajz
Ilhas	Szigetek
Investigador	Kutató
Migração	Migráció
Península	Félsziget
Pinguins	Pingvinek
Rochoso	Sziklás
Temperatura	Hőmérséklet
Topografia	Topográfia

Arte
Művészet

Cerâmica	Kerámia
Complexo	Összetett
Composição	Összetétel
Escultura	Szobor
Expressão	Kifejezés
Honesto	Őszinte
Humor	Hangulat
Inspirado	Ihletett
Original	Eredeti
Pessoal	Személyes
Pinturas	Festmények
Poesia	Költészet
Simples	Egyszerű
Símbolo	Szimbólum
Sujeito	Tárgy
Surrealismo	Szürrealizmus
Visual	Vizuális

Artes Visuais
Vizuális Művészetek

Argila	Agyag
Arquitetura	Építészet
Artista	Művész
Caneta	Toll
Cavalete	Festőállvány
Cera	Viasz
Cerâmica	Kerámia
Composição	Összetétel
Criatividade	Kreativitás
Escultura	Szobor
Estêncil	Stencil
Filme	Film
Fotografia	Fénykép
Giz	Kréta
Lápis	Ceruza
Obra-Prima	Mestermű
Perspectiva	Perspektíva
Pintura	Festmény
Retrato	Portré
Verniz	Lakk

Astronomia
Csillagászat

Asteróide	Aszteroida
Astronauta	Űrhajós
Astrônomo	Csillagász
Celestial	Égi
Céu	Ég
Cometa	Üstökös
Constelação	Csillagkép
Cosmos	Kozmosz
Eclipse	Fogyatkozás
Foguete	Rakéta
Galáxia	Galaxis
Gravidade	Gravitáció
Lua	Hold
Meteoro	Meteor
Nebulosa	Ködfolt
Planeta	Bolygó
Radiação	Sugárzás
Supernova	Szupernóva
Terra	Föld
Universo	Univerzum

Atividades
Tevékenységek

Arte	Művészet
Artesanato	Kézművesség
Atividade	Tevékenység
Caca	Vadászat
Caminhada	Túrázás
Cerâmica	Kerámia
Fotografia	Fényképezés
Habilidade	Készség
Interesses	Érdekek
Jardinagem	Kertészkedés
Jogos	Játékok
Lazer	Szabadidő
Lendo	Olvasás
Magia	Mágia
Pesca	Halászat
Pintura	Festmény
Prazer	Öröm
Relaxamento	Kikapcsolódás

Atividades e Lazer
Tevékenységek és Szabadi

Acampamento	Kemping
Arte	Művészet
Basquete	Kosárlabda
Beisebol	Baseball
Boxe	Boksz
Caminhada	Túrázás
Corrida	Verseny
Futebol	Futball
Golfe	Golf
Hobbies	Hobbi
Jardinagem	Kertészkedés
Mergulho	Búvárkodás
Natação	Úszás
Pesca	Halászat
Pintura	Festmény
Relaxante	Pihentető
Surfe	Szörfözés
Tênis	Tenisz
Viagem	Utazás
Voleibol	Röplabda

Aventura
Kaland

Alegria	Öröm
Amigos	Barátok
Atividade	Tevékenység
Beleza	Szépség
Bravura	Bátorság
Chance	Esély
Desafios	Kihívások
Dificuldade	Nehézség
Entusiasmo	Lelkesedés
Excursão	Kirándulás
Incomum	Szokatlan
Itinerário	Útvonal
Natureza	Természet
Navegação	Navigáció
Novo	Új
Oportunidade	Lehetőség
Perigoso	Veszélyes
Preparação	Előkészítés
Segurança	Biztonság
Surpreendente	Meglepő

Aviões
Repülőgépek

Altura	Magasság
Ar	Levegő
Aterrissagem	Leszállás
Atmosfera	Légkör
Aventura	Kaland
Balão	Ballon
Céu	Ég
Combustível	Üzemanyag
Construção	Építés
Descida	Származás
Direção	Irány
Hidrogênio	Hidrogén
História	Történelem
Inflar	Felfúj
Motor	Motor
Navegar	Hajózik
Passageiro	Utas
Piloto	Pilóta
Tripulação	Legénység
Turbulência	Turbulencia

Água
Víz

Canal	Csatorna
Chuva	Eső
Chuveiro	Zuhany
Evaporação	Párolgás
Furacão	Hurrikán
Geada	Fagy
Gelo	Jég
Geyser	Gejzír
Inundação	Árvíz
Irrigação	Öntözés
Lago	Tó
Monção	Monszun
Neve	Hó
Oceano	Óceán
Ondas	Hullámok
Potável	Iható
Rio	Folyó
Umidade	Nedvesség
Vapor	Gőz

Balé
Balett

Aplauso	Taps
Artístico	Művészi
Bailarina	Balerina
Compositor	Zeneszerző
Coreografia	Koreográfia
Dançarinos	Táncosok
Ensaio	Próba
Estilo	Stílus
Expressivo	Kifejező
Gesto	Gesztus
Gracioso	Kecses
Habilidade	Készség
Intensidade	Intenzitás
Música	Zene
Orquestra	Zenekar
Prática	Gyakorlat
Público	Közönség
Ritmo	Ritmus
Solo	Szóló
Técnica	Technika

Banheiro
Fürdőszoba

Água	Víz
Banheiro	Wc
Banho	Fürdő
Bolhas	Buborékok
Chuveiro	Zuhany
Espelho	Tükör
Esponja	Szivacs
Loção	Krém
Perfume	Parfüm
Sabão	Szappan
Tapete	Szőnyeg
Tesoura	Olló
Toalha	Törülköző
Torneira	Csap
Vapor	Gőz
Xampu	Sampon

Barcos
Csónakok

Âncora	Horgony
Balsa	Komp
Bóia	Bója
Caiaque	Kajak
Canoa	Kenu
Corda	Kötél
Doca	Dokk
Iate	Jacht
Jangada	Tutaj
Lago	Tó
Mar	Tenger
Maré	Dagály
Marinheiro	Tengerész
Mastro	Árboc
Motor	Motor
Náutico	Tengeri
Oceano	Óceán
Ondas	Hullámok
Rio	Folyó
Tripulação	Legénység

Brinquedos
Játékok

Argila	Agyag
Artesanato	Kézművesség
Avião	Repülőgép
Barco	Hajó
Bateria	Dobok
Bicicleta	Kerékpár
Bola	Labda
Boneca	Baba
Caminhão	Kamion
Carro	Autó
Favorito	Kedvenc
Imaginação	Képzelet
Jogos	Játékok
Livros	Könyvek
Pipa	Sárkány
Robô	Robot
Tintas	Festékek
Xadrez	Sakk

Caminhada
Túrázás

Acampamento	Kemping
Animais	Állatok
Água	Víz
Botas	Csizma
Cansado	Fáradt
Clima	Éghajlat
Guias	Útmutatók
Mapa	Térkép
Montanha	Hegy
Natureza	Természet
Orientação	Orientáció
Parques	Parkok
Pedras	Kövek
Penhasco	Szikla
Perigos	Veszélyek
Pesado	Nehéz
Preparação	Előkészítés
Selvagem	Vad
Sol	Nap
Tempo	Időjárás

Campeonato
Bajnokság

Campeão	Bajnok
Campeonato	Bajnokság
Desempenho	Teljesítmény
Equipe	Csapat
Esportes	Sport
Estratégia	Stratégia
Finalista	Döntős
Jogos	Játékok
Juiz	Bíró
Liga	Liga
Medalha	Érem
Motivação	Motiváció
Resistência	Kitartás
Torneio	Torna
Treinador	Edző
Vitória	Győzelem

Casa
Ház

Biblioteca	Könyvtár
Cerca	Kerítés
Chaves	Kulcsok
Chuveiro	Zuhany
Cortinas	Függönyök
Cozinha	Konyha
Espelho	Tükör
Garagem	Garázs
Janela	Ablak
Jardim	Kert
Lareira	Kandalló
Mobiliário	Bútor
Parede	Fal
Porta	Ajtó
Quarto	Szoba
Sótão	Padlás
Tapete	Szőnyeg
Teto	Mennyezet
Torneira	Csap
Vassoura	Seprű

Castelos
Kastélyok

Armadura	Páncél
Catapulta	Katapult
Cavaleiro	Lovag
Cavalo	Ló
Coroa	Korona
Dinastia	Dinasztia
Dragão	Sárkány
Escudo	Pajzs
Espada	Kard
Feudal	Feudális
Fortaleza	Erőd
Império	Birodalom
Nobre	Nemes
Palácio	Palota
Parede	Fal
Princesa	Hercegnő
Príncipe	Herceg
Reino	Királyság
Torre	Torony
Unicórnio	Egyszarvú

Chocolate
Csokoládé

Açúcar	Cukor
Amargo	Keserű
Antioxidante	Antioxidáns
Aroma	Aroma
Cacau	Kakaó
Calorias	Kalória
Caramelo	Karamell
Coco	Kókuszdió
Comer	Enni
Delicioso	Finom
Doce	Édes
Exótico	Egzotikus
Favorito	Kedvenc
Gosto	Íz
Ingrediente	Összetevő
Pó	Por
Qualidade	Minőség
Receita	Recept

Churrascos
Grillezés

Almoço	Ebéd
Convite	Meghívás
Crianças	Gyermekek
Facas	Kések
Família	Család
Fome	Éhség
Frango	Csirke
Fruta	Gyümölcs
Grelha	Grill
Jantar	Vacsora
Jogos	Játékok
Legumes	Zöldségek
Molho	Szósz
Música	Zene
Pimenta	Bors
Quente	Forró
Sal	Só
Saladas	Saláták
Tomates	Paradicsom
Verão	Nyár

Cidade
Város

Aeroporto	Repülőtér
Banco	Bank
Biblioteca	Könyvtár
Cinema	Mozi
Escola	Iskola
Estádio	Stadion
Farmácia	Gyógyszertár
Florista	Virágárus
Galeria	Galéria
Hotel	Szálloda
Jardim Zoológico	Állatkert
Livraria	Könyvesbolt
Mercado	Piac
Museu	Múzeum
Padaria	Pékség
Restaurante	Étterem
Salão	Szalon
Supermercado	Szupermarket
Teatro	Színház
Universidade	Egyetem

Ciência
Tudomány

Átomo	Atom
Cientista	Tudós
Clima	Éghajlat
Dados	Adat
Evolução	Evolúció
Experiência	Kísérlet
Fato	Tény
Física	Fizika
Fóssil	Fosszilis
Gravidade	Gravitáció
Hipótese	Hipotézis
Laboratório	Laboratórium
Método	Módszer
Moléculas	Molekulák
Natureza	Természet
Observação	Megfigyelés
Organismo	Szervezet
Partículas	Részecskék
Plantas	Növények
Químico	Kémiai

Circo
Cirkusz

Acrobata	Akrobata
Animais	Állatok
Balões	Léggömbök
Bilhete	Jegy
Desfile	Parádé
Doce	Cukorka
Elefante	Elefánt
Espectador	Néző
Espetacular	Látványos
Leão	Oroszlán
Macaco	Majom
Magia	Mágia
Malabarista	Zsonglőr
Mágico	Bűvész
Música	Zene
Palhaço	Bohóc
Tenda	Sátor
Tigre	Tigris
Traje	Jelmez
Truque	Trükk

Clima
Időjárás

Arco-Íris	Szivárvány
Atmosfera	Légkör
Brisa	Szellő
Céu	Ég
Clima	Éghajlat
Furacão	Hurrikán
Gelo	Jég
Monção	Monszun
Nevoeiro	Köd
Nuvem	Felhő
Polar	Poláris
Relâmpago	Villám
Seca	Aszály
Seco	Száraz
Temperatura	Hőmérséklet
Tempestade	Vihar
Tornado	Tornádó
Tropical	Trópusi
Trovão	Mennydörgés
Vento	Szél

Comida # 2
Élelmiszer # 2

Alcachofra	Articsóka
Amêndoa	Mandula
Arroz	Rizs
Banana	Banán
Beringela	Padlizsán
Brócolis	Brokkoli
Cereja	Cseresznye
Chocolate	Csokoládé
Cogumelo	Gomba
Frango	Csirke
Iogurte	Joghurt
Kiwi	Kivi
Maçã	Alma
Ovo	Tojás
Peixe	Hal
Presunto	Sonka
Queijo	Sajt
Tomate	Paradicsom
Trigo	Búza
Uva	Szőlő

Comida #1
Élelmiszer #1

Açúcar	Cukor
Alho	Fokhagyma
Amendoim	Földimogyoró
Atum	Tonhal
Bolo	Torta
Canela	Fahéj
Cebola	Hagyma
Cenoura	Sárgarépa
Cevada	Árpa
Damasco	Sárgabarack
Espinafre	Spenót
Leite	Tej
Limão	Citrom
Manjericão	Bazsalikom
Morango	Eper
Nabo	Fehérrépa
Sal	Só
Salada	Saláta
Sopa	Leves
Suco	Gyümölcslé

Conservação
Természetvédelmi

Ambiental	Környezeti
Água	Víz
Ciclo	Ciklus
Clima	Éghajlat
Ecossistema	Ökoszisztéma
Educação	Oktatás
Habitat	Élőhely
Natural	Természetes
Orgânico	Szerves
Pesticida	Peszticid
Poluição	Szennyezés
Reciclar	Újrahasznosít
Reduzir	Csökkentés
Saúde	Egészség
Sustentável	Fenntartható
Verde	Zöld
Voluntário	Önkéntes

Cores
Színek

Amarelo	Sárga
Azul	Kék
Bege	Bézs
Branco	Fehér
Ciano	Cián
Cinza	Szürke
Fuchsia	Fukszia
Laranja	Narancs
Magenta	Bíborvörös
Marrom	Barna
Preto	Fekete
Rosa	Rózsaszín
Roxo	Lila
Sépia	Szépia
Verde	Zöld
Vermelho	Piros
Violeta	Ibolya

Corpo Humano
Emberi Test

Boca	Száj
Cabeça	Fej
Cérebro	Agy
Coração	Szív
Cotovelo	Könyök
Dedo	Ujj
Joelho	Térd
Mandíbula	Állkapocs
Mão	Kéz
Nariz	Orr
Olho	Szem
Ombro	Váll
Orelha	Fül
Pele	Bőr
Perna	Láb
Pescoço	Nyak
Queixo	Áll
Sangue	Vér
Testa	Homlok
Tornozelo	Boka

Cozinha
Konyha

Avental	Kötény
Chaleira	Vízforraló
Colheres	Kanalak
Comer	Enni
Concha	Merőkanál
Cups	Csészék
Especiarias	Fűszerek
Esponja	Szivacs
Facas	Kések
Forno	Sütő
Freezer	Mélyhűtő
Garfos	Villa
Geladeira	Hűtőszekrény
Grelha	Grill
Guardanapo	Szalvéta
Jar	Korsó
Jarro	Kancsó
Receita	Recept
Tigela	Tál

Dança
Tánc

Academia	Akadémia
Alegre	Vidám
Arte	Művészet
Clássico	Klasszikus
Coreografia	Koreográfia
Corpo	Test
Cultura	Kultúra
Cultural	Kulturális
Emoção	Érzelem
Ensaio	Próba
Expressivo	Kifejező
Graça	Kegyelem
Movimento	Mozgás
Música	Zene
Parceiro	Partner
Postura	Testtartás
Ritmo	Ritmus
Tradicional	Hagyományos
Visual	Vizuális

Dias e Meses
Napok és Hónapok

Abril	Április
Agosto	Augusztus
Ano	Év
Calendário	Naptár
Dezembro	December
Domingo	Vasárnap
Fevereiro	Február
Janeiro	Január
Julho	Július
Junho	Június
Mês	Hónap
Novembro	November
Outubro	Október
Quinta-Feira	Csütörtök
Sábado	Szombat
Segunda-Feira	Hétfő
Semana	Hét
Setembro	Szeptember
Sexta-Feira	Péntek
Terça	Kedd

Dinossauros
Dinoszauruszok

Asas	Szárnyak
Carnívoro	Húsevő
Cauda	Farok
Desaparecimento	Eltűnés
Enorme	Hatalmas
Espécies	Faj
Evolução	Evolúció
Fósseis	Fosszíliák
Grande	Nagy
Herbívoro	Növényevő
Mamute	Mamut
Onívoro	Mindenevő
Poderoso	Erős
Presa	Zsákmány
Pré-Histórico	Őskori
Raptor	Raptor
Réptil	Hüllő
Tamanho	Méret
Terra	Föld
Vicioso	Gonosz

Dirigindo
Vezetés

Acidente	Baleset
Carro	Autó
Combustível	Üzemanyag
Cuidado	Vigyázat
Estrada	Út
Freios	Fékek
Garagem	Garázs
Gás	Gáz
Licença	Engedély
Mapa	Térkép
Motocicleta	Motorkerékpár
Motor	Motor
Pedestre	Gyalogos
Perigo	Veszély
Polícia	Rendőrség
Rua	Utca
Segurança	Biztonság
Transporte	Szállítás
Tráfego	Forgalom
Túnel	Alagút

Disciplinas Científicas
Tudományos Tudományágak

Anatomia	Anatómia
Arqueologia	Régészet
Astronomia	Csillagászat
Biologia	Biológia
Bioquímica	Biokémia
Botânica	Botanika
Cinesiologia	Kineziológia
Ecologia	Ökológia
Fisiologia	Fiziológia
Geologia	Geológia
Imunologia	Immunológia
Linguística	Nyelvészet
Meteorologia	Meteorológia
Mineralogia	Ásványtan
Neurologia	Neurológia
Psicologia	Pszichológia
Química	Kémia
Sociologia	Szociológia
Termodinâmica	Termodinamika
Zoologia	Állattan

Ecologia
Ökológia

Clima	Éghajlat
Comunidades	Közösségek
Diversidade	Sokféleség
Fauna	Fauna
Flora	Növényvilág
Global	Globális
Habitat	Élőhely
Marinho	Tengeri
Montanhas	Hegyek
Natural	Természetes
Natureza	Természet
Pântano	Mocsár
Plantas	Növények
Recursos	Források
Seca	Aszály
Sobrevivência	Túlélés
Sustentável	Fenntartható
Variedade	Fajta
Vegetação	Növényzet
Voluntários	Önkéntesek

Edifícios
Épületek

Apartamento	Lakás
Cabine	Kabin
Castelo	Vár
Celeiro	Pajta
Cinema	Mozi
Embaixada	Nagykövetség
Escola	Iskola
Estádio	Stadion
Fazenda	Gazdaság
Fábrica	Gyár
Garagem	Garázs
Hospital	Kórház
Hotel	Szálloda
Laboratório	Laboratórium
Museu	Múzeum
Supermercado	Szupermarket
Teatro	Színház
Tenda	Sátor
Torre	Torony
Universidade	Egyetem

Emoções
Érzelmek

Alegria	Öröm
Amor	Szeretet
Animado	Izgatott
Bem-Aventurança	Boldogság
Bondade	Kedvesség
Calmo	Nyugodt
Conteúdo	Tartalom
Envergonhado	Zavart
Grato	Hálás
Medo	Félelem
Paz	Béke
Raiva	Harag
Satisfeito	Elégedett
Simpatia	Szimpátia
Ternura	Gyengédség
Tédio	Unalom
Tranquilidade	Nyugalom
Tristeza	Szomorúság

Escalada
Hegymászás

Altitude	Magasság
Atmosfera	Légkör
Botas	Csizma
Caminhada	Túrázás
Capacete	Sisak
Caverna	Barlang
Curiosidade	Kíváncsiság
Desafios	Kihívások
Especialista	Szakértő
Estabilidade	Stabilitás
Estreito	Keskeny
Físico	Fizikai
Força	Erő
Guias	Útmutatók
Luvas	Kesztyű
Mapa	Térkép
Terreno	Terep

Escola # 2
Iskola #2

Acadêmico	Akadémiai
Atividades	Tevékenységek
Biblioteca	Könyvtár
Calendário	Naptár
Ciência	Tudomány
Computador	Számítógép
Dicionário	Szótár
Educação	Oktatás
Gramática	Nyelvtan
Jogos	Játékok
Lápis	Ceruza
Leitura	Olvasás
Literatura	Irodalom
Livros	Könyvek
Matemática	Matematika
Mochila	Hátizsák
Papel	Papír
Professor	Tanár
Suprimentos	Kellékek
Tesoura	Olló

Escola #1
Iskola #1

Alfabeto	Ábécé
Almoço	Ebéd
Amigos	Barátok
Aprender	Tanulni
Biblioteca	Könyvtár
Cadeira	Szék
Canetas	Toll
Exames	Vizsgák
Lápis	Ceruza
Livros	Könyvek
Matemática	Matematika
Mesa	Íróasztal
Números	Számok
Papel	Papír
Pastas	Mappák
Professor	Tanár
Questionário	Kvíz
Respostas	Válaszok

Especiarias
Fűszerek

Açafrão	Sáfrány
Alcaçuz	Édesgyökér
Alho	Fokhagyma
Amargo	Keserű
Anis	Ánizs
Azedo	Savanyú
Baunilha	Vanília
Canela	Fahéj
Cardamomo	Kardamom
Caril	Curry
Cebola	Hagyma
Coentro	Koriander
Cominho	Kömény
Doce	Édes
Funcho	Édeskömény
Gengibre	Gyömbér
Noz-Moscada	Szerecsendió
Pimenta	Bors
Sabor	Íz
Sal	Só

Esportes
Sport

Atleta	Atléta
Árbitro	Játékvezető
Basquete	Kosárlabda
Beisebol	Baseball
Bicicleta	Kerékpár
Campeonato	Bajnokság
Equipe	Csapat
Estádio	Stadion
Ganhador	Győztes
Ginástica	Torna
Golfe	Golf
Hóquei	Hoki
Jogador	Játékos
Jogo	Játék
Movimento	Mozgás
Tênis	Tenisz
Treinador	Edző

Exploração
Felfedezés

Animais	Állatok
Aprender	Tanulni
Atividade	Tevékenység
Coragem	Bátorság
Culturas	Kultúrák
Descoberta	Felfedezés
Desconhecido	Ismeretlen
Determinação	Meghatározás
Distante	Távoli
Espaço	Tér
Exaustão	Kimerültség
Excitação	Izgalom
Língua	Nyelv
Novo	Új
Perigos	Veszélyek
Selvagem	Vad
Terreno	Terep
Viagem	Utazás

Família
Család

Antepassado	Ős
Avó	Nagymama
Avô	Nagyapa
Criança	Gyermek
Crianças	Gyermekek
Esposa	Feleség
Filha	Lánya
Infância	Gyermekkor
Irmão	Testvér
Marido	Férj
Materno	Anyai
Mãe	Anya
Neto	Unoka
Pai	Apa
Paterno	Apai
Primo	Unokatestvér
Sobrinha	Unokahúg
Sobrinho	Unokaöcs
Tia	Néni
Tio	Nagybácsi

Fazenda #1
Gazdaság #1

Abelha	Méh
Agricultura	Mezőgazdaság
Arroz	Rizs
Água	Víz
Bezerro	Borjú
Burro	Szamár
Cabra	Kecske
Campo	Mező
Cavalo	Ló
Cão	Kutya
Cerca	Kerítés
Corvo	Varjú
Feno	Széna
Fertilizante	Trágya
Frango	Csirke
Gato	Macska
Mel	Méz
Porco	Malac
Rebanho	Nyáj
Vaca	Tehén

Fazenda #2
2. Gazdaság

Agricultor	Gazda
Animais	Állatok
Celeiro	Pajta
Cevada	Árpa
Colmeia	Méhkas
Cordeiro	Bárány
Fruta	Gyümölcs
Irrigação	Öntözés
Leite	Tej
Lhama	Láma
Maduro	Érett
Milho	Kukorica
Ovelha	Juh
Pastor	Pásztor
Pato	Kacsa
Pomar	Gyümölcsös
Prado	Rét
Trator	Traktor
Trigo	Búza
Vegetal	Növényi

Férias #2
Nyaralás #2

Acampamento	Kemping
Aeroporto	Repülőtér
Estrangeiro	Külföldi
Feriado	Nyaralás
Fotos	Fotók
Hotel	Szálloda
Ilha	Sziget
Lazer	Szabadidő
Mapa	Térkép
Mar	Tenger
Montanhas	Hegyek
Passaporte	Útlevél
Praia	Strand
Reservas	Foglalások
Restaurante	Étterem
Táxi	Taxi
Tenda	Sátor
Transporte	Szállítás
Viagem	Utazás
Visto	Vízum

Ficção Científica
Sci-Fi

Atómico	Atomi
Cinema	Mozi
Distante	Távoli
Distopia	Dystopia
Explosão	Robbanás
Extremo	Szélsőséges
Fantástico	Fantasztikus
Fogo	Tűz
Futurista	Futurisztikus
Galáxia	Galaxis
Ilusão	Illúzió
Imaginário	Képzeletbeli
Livros	Könyvek
Misterioso	Rejtélyes
Mundo	Világ
Oráculo	Jóslat
Planeta	Bolygó
Robôs	Robotok
Tecnologia	Technológia
Utopia	Utópia

Flores
Virágok

Buquê	Csokor
Calêndula	Körömvirág
Dente-De-Leão	Pitypang
Gardênia	Gardénia
Girassol	Napraforgó
Hibisco	Hibiszkusz
Jasmim	Jázmin
Lavanda	Levendula
Lilás	Halványlila
Lírio	Liliom
Magnólia	Magnólia
Margarida	Százszorszép
Orquídea	Orchidea
Papoula	Mák
Peônia	Bazsarózsa
Pétala	Szirom
Plumeria	Plumeria
Rosa	Rózsa
Trevo	Lóhere
Tulipa	Tulipán

Floresta Tropical
Esőerdők

Anfíbios	Kétéltűek
Botânico	Botanika
Clima	Éghajlat
Comunidade	Közösség
Diversidade	Sokféleség
Espécies	Faj
Insetos	Rovarok
Mamíferos	Emlősök
Musgo	Moha
Natureza	Természet
Nuvens	Felhők
Pássaros	Madarak
Preservação	Megőrzés
Refúgio	Menedék
Respeito	Tisztelet
Restauração	Helyreállítás
Selva	Dzsungel
Sobrevivência	Túlélés
Valioso	Értékes

Formas
Alakzatok

Arco	Ív
Canto	Sarok
Cilindro	Henger
Círculo	Kör
Cone	Kúp
Cubo	Kocka
Elipse	Ellipszis
Esfera	Gömb
Hipérbole	Hiperbola
Lado	Oldal
Linha	Vonal
Oval	Ovális
Pirâmide	Piramis
Polígono	Poligon
Prisma	Prizma
Quadrado	Négyzet
Retângulo	Téglalap
Triângulo	Háromszög

Frutas
Gyümölcs

Abacate	Avokádó
Abacaxi	Ananász
Amora	Szeder
Baga	Bogyó
Banana	Banán
Cereja	Cseresznye
Coco	Kókuszdió
Damasco	Sárgabarack
Figo	Ábra
Framboesa	Málna
Kiwi	Kivi
Laranja	Narancs
Limão	Citrom
Maçã	Alma
Mamão	Papaja
Manga	Mangó
Nectarina	Nektarin
Pera	Körte
Pêssego	Őszibarack
Uva	Szőlő

Gatos
Macskák

Brincalhão	Játékos
Caçador	Vadász
Cauda	Farok
Curioso	Kíváncsi
Dormir	Alvás
Engraçado	Vicces
Fio	Fonal
Garra	Karom
Independente	Független
Louco	Őrült
Mouse	Egér
Pata	Mancs
Pele	Szőrme
Personalidade	Személyiség
Selvagem	Vad
Tímido	Félénk

Geografia
Földrajz

Altitude	Magasság
Atlas	Atlasz
Cidade	Város
Continente	Kontinens
Hemisfério	Félteke
Ilha	Sziget
Latitude	Szélesség
Mapa	Térkép
Mar	Tenger
Meridiano	Meridián
Montanha	Hegy
Mundo	Világ
Norte	Észak
Oceano	Óceán
Oeste	Nyugat
País	Ország
Região	Vidék
Rio	Folyó
Sul	Dél
Território	Terület

Geologia
Geológia

Ácido	Sav
Camada	Réteg
Caverna	Barlang
Cálcio	Kalcium
Ciclos	Ciklusok
Continente	Kontinens
Coral	Korall
Cristais	Kristályok
Erosão	Erózió
Estalactite	Cseppkő
Estalagmites	Sztalagmitok
Fóssil	Fosszilis
Lava	Láva
Pedra	Kő
Platô	Fennsík
Quartzo	Kvarc
Sal	Só
Terremoto	Földrengés
Vulcão	Vulkán
Zona	Zóna

Herbalismo
Herbalism

Açafrão	Sáfrány
Alecrim	Rozmaring
Alho	Fokhagyma
Aromático	Aromás
Benéfico	Előnyös
Coentro	Koriander
Estragão	Tárkony
Flor	Virág
Funcho	Édeskömény
Ingrediente	Összetevő
Jardim	Kert
Lavanda	Levendula
Manjericão	Bazsalikom
Manjerona	Majoránna
Planta	Növény
Qualidade	Minőség
Sabor	Íz
Salsa	Petrezselyem
Tomilho	Kakukkfű
Verde	Zöld

Insetos
Rovarok

Abelha	Méh
Barata	Csótány
Besouro	Bogár
Borboleta	Pillangó
Cigarra	Kabóca
Cupim	Termesz
Formiga	Hangya
Gafanhoto	Szöcske
Joaninha	Katicabogár
Larva	Lárva
Libélula	Szitakötő
Louva-A-Deus	Sáska
Mariposa	Moly
Minhoca	Féreg
Mosquito	Szúnyog
Pulga	Bolha
Pulgão	Levéltetű
Vespa	Darázs

Instrumentos Musicais
Hangszerek

Bandolim	Mandolin
Banjo	Bendzsó
Clarinete	Klarinét
Fagote	Fagott
Flauta	Fuvola
Gaita	Harmonika
Gongo	Gong
Harpa	Hárfa
Marimba	Marimba
Oboé	Oboa
Pandeiro	Csörgődob
Piano	Zongora
Saxofone	Szaxofon
Tambor	Dob
Trombone	Harsona
Trompete	Trombita
Violão	Gitár
Violino	Hegedű
Violoncelo	Cselló

Jardim
Kert

Ancinho	Gereblye
Arbusto	Bokor
Árvore	Fa
Banco	Pad
Cerca	Kerítés
Flor	Virág
Garagem	Garázs
Grama	Fű
Gramado	Gyep
Jardim	Kert
Lagoa	Tavacska
Maca	Függőágy
Mangueira	Tömlő
Pá	Lapát
Pomar	Gyümölcsös
Solo	Talaj
Terraço	Terasz
Trampolim	Trambulin
Varanda	Tornác
Videira	Szőlő

Literatura
Irodalom

Analogia	Analógia
Análise	Elemzés
Anedota	Anekdota
Autor	Szerző
Biografia	Életrajz
Conclusão	Következtetés
Descrição	Leírás
Diálogo	Párbeszéd
Estilo	Stílus
Ficção	Fikció
Metáfora	Metafora
Narrador	Narrátor
Opinião	Vélemény
Poema	Vers
Poético	Költői
Rima	Rím
Ritmo	Ritmus
Romance	Regény
Tema	Téma
Tragédia	Tragédia

Livros
Könyvek

Autor	Szerző
Aventura	Kaland
Coleção	Gyűjtemény
Contexto	Kontextus
Dualidade	Kettősség
Escrito	Írott
Épico	Epikus
História	Történet
Histórico	Történelmi
Inventivo	Találékony
Leitor	Olvasó
Literário	Irodalmi
Narrador	Narrátor
Página	Oldal
Poema	Vers
Poesia	Költészet
Relevante	Ide Vonatkozó
Romance	Regény
Série	Sorozat
Trágico	Tragikus

Mamíferos
Emlősök

Baleia	Bálna
Camelo	Teve
Canguru	Kenguru
Castor	Hód
Cavalo	Ló
Cão	Kutya
Coelho	Nyúl
Coiote	Prérifarkas
Elefante	Elefánt
Gato	Macska
Girafa	Zsiráf
Golfinho	Delfin
Gorila	Gorilla
Leão	Oroszlán
Lobo	Farkas
Macaco	Majom
Ovelha	Juh
Raposa	Róka
Touro	Bika
Zebra	Zebra

Matemática
Matematika

Aritmética	Számtan
Ângulos	Szögek
Decimal	Tizedes
Diâmetro	Átmérő
Equação	Egyenlet
Esfera	Gömb
Expoente	Kitevő
Fração	Töredék
Geometria	Geometria
Números	Számok
Paralelo	Párhuzamos
Perímetro	Kerület
Perpendicular	Merőleges
Polígono	Poligon
Quadrado	Négyzet
Raio	Sugár
Retângulo	Téglalap
Simetria	Szimmetria
Soma	Összeg
Triângulo	Háromszög

Material de Arte
Művészeti Kellékek

Acrílico	Akril
Apagador	Radír
Aquarelas	Akvarellek
Argila	Agyag
Água	Víz
Cadeira	Szék
Carvão	Faszén
Cavalete	Festőállvány
Câmera	Kamera
Cola	Ragasztó
Cores	Színek
Criatividade	Kreativitás
Escovas	Ecsetek
Lápis	Ceruzák
Mesa	Asztal
Óleo	Olaj
Papel	Papír
Pastels	Pasztell
Tinta	Tinta
Tintas	Festékek

Medições
Mérések

Altura	Magasság
Byte	Bájt
Centímetro	Centiméter
Comprimento	Hossz
Decimal	Tizedes
Grama	Gramm
Grau	Fokozat
Largura	Szélesség
Litro	Liter
Massa	Tömeg
Metro	Mérő
Minuto	Perc
Onça	Uncia
Peso	Súly
Polegada	Hüvelyk
Profundidade	Mélység
Quarto	Kvart
Quilograma	Kilogramm
Quilômetro	Kilométer
Tonelada	Tonna

Meditação
Elmélkedés

Aceitação	Elfogadás
Acordado	Ébren
Atenção	Figyelem
Bondade	Kedvesség
Clareza	Világosság
Compaixão	Együttérzés
Emoções	Érzelmek
Ensinamentos	Tanítások
Gratidão	Hála
Mental	Mentális
Mente	Elme
Movimento	Mozgás
Música	Zene
Natureza	Természet
Observação	Megfigyelés
Paz	Béke
Pensamentos	Gondolatok
Perspectiva	Perspektíva
Postura	Testtartás
Silêncio	Csend

Mitologia
Mitológia

Arquétipo	Archetípus
Ciúmes	Féltékenység
Comportamento	Viselkedés
Criação	Teremtés
Criatura	Teremtmény
Cultura	Kultúra
Desastre	Katasztrófa
Força	Erő
Guerreiro	Harcos
Heroína	Hősnő
Herói	Hős
Labirinto	Labirintus
Lenda	Legenda
Mágico	Mágikus
Monstro	Szörny
Mortal	Halandó
Relâmpago	Villám
Triunfante	Diadalmas
Trovão	Mennydörgés
Vingança	Bosszú

Móveis
Bútor

Almofada	Párna
Almofadas	Párnák
Banco	Pad
Cadeira	Szék
Cama	Ágy
Colchão	Matrac
Cortinas	Függönyök
Cômoda	Komód
Espelho	Tükör
Estante	Könyvespolc
Futon	Futon
Maca	Függőágy
Mesa	Íróasztal
Poltrona	Fotel
Prateleiras	Polcok
Sofá	Kanapé
Tapete	Szőnyeg

Natureza
Természet

Abelhas	Méhek
Abrigo	Menedék
Animais	Állatok
Ártico	Sarkvidéki
Beleza	Szépség
Deserto	Sivatag
Dinâmico	Dinamikus
Erosão	Erózió
Floresta	Erdő
Folhagem	Lombozat
Geleira	Gleccser
Nevoeiro	Köd
Nuvens	Felhők
Pacífico	Békés
Rio	Folyó
Santuário	Szentély
Selvagem	Vad
Sereno	Derűs
Tropical	Trópusi
Vital	Létfontosságú

Nutrição
Teljesítmény

Amargo	Keserű
Apetite	Étvágy
Calorias	Kalória
Carboidratos	Szénhidrátok
Comestível	Ehető
Dieta	Diéta
Digestão	Emésztés
Fermentação	Erjesztés
Ingredientes	Összetevők
Líquidos	Folyadékok
Molho	Szósz
Nutriente	Tápanyag
Peso	Súly
Proteínas	Fehérjék
Qualidade	Minőség
Sabor	Íz
Saudável	Egészséges
Saúde	Egészség
Toxina	Toxin
Vitamina	Vitamin

Números
Számok

Cinco	Öt
Decimal	Tizedes
Dez	Tíz
Dezesseis	Tizenhat
Dezessete	Tizenhét
Dezoito	Tizennyolc
Dois	Kettő
Doze	Tizenkettő
Nove	Kilenc
Oito	Nyolc
Quatorze	Tizennégy
Quatro	Négy
Quinze	Tizenöt
Seis	Hat
Sete	Hét
Treze	Tizenhárom
Três	Három
Um	Egy
Vinte	Húsz
Zero	Nulla

Oceano
Óceán

Atum	Tonhal
Baleia	Bálna
Barco	Hajó
Camarão	Garnélarák
Caranguejo	Rák
Coral	Korall
Enguia	Angolna
Esponja	Szivacs
Golfinho	Delfin
Marés	Árapály
Medusa	Medúza
Ondas	Hullámok
Ostra	Osztriga
Peixe	Hal
Polvo	Polip
Recife	Zátony
Sal	Só
Tartaruga	Teknős
Tempestade	Vihar
Tubarão	Cápa

Paisagens
Tájképek

Cascata	Vízesés
Caverna	Barlang
Colina	Domb
Deserto	Sivatag
Geleira	Gleccser
Golfo	Öböl
Iceberg	Jéghegy
Ilha	Sziget
Lago	Tó
Mar	Tenger
Montanha	Hegy
Oásis	Oázis
Oceano	Óceán
Pântano	Mocsár
Península	Félsziget
Praia	Strand
Rio	Folyó
Tundra	Tundra
Vale	Völgy
Vulcão	Vulkán

Países #2
Országok #2

Albânia	Albánia
Dinamarca	Dánia
França	Franciaország
Grécia	Görögország
Haiti	Haiti
Indonésia	Indonézia
Irlanda	Írország
Jamaica	Jamaica
Japão	Japán
Laos	Laosz
Líbano	Libanon
México	Mexikó
Nepal	Nepál
Nigéria	Nigéria
Paquistão	Pakisztán
Rússia	Oroszország
Síria	Szíria
Somália	Szomália
Ucrânia	Ukrajna
Uganda	Uganda

Pássaros
Madarak

Avestruz	Strucc
Águia	Sas
Cegonha	Gólya
Cisne	Hattyú
Corvo	Varjú
Cuco	Kakukk
Flamingo	Flamingó
Frango	Csirke
Gaivota	Sirály
Ganso	Liba
Garça	Gém
Ovo	Tojás
Papagaio	Papagáj
Pardal	Veréb
Pato	Kacsa
Pavão	Páva
Pelicano	Pelikán
Pinguim	Pingvin
Pombo	Galamb
Tucano	Tukán

Pesca
Halászat

Água	Víz
Barbatanas	Uszonyok
Barco	Hajó
Brânquias	Kopoltyúk
Cesta	Kosár
Cozinhar	Szakács
Equipamento	Felszerelés
Exagero	Túlzás
Fio	Drót
Gancho	Horog
Isca	Csali
Lago	Tó
Mandíbula	Állkapocs
Oceano	Óceán
Paciência	Türelem
Peso	Súly
Praia	Strand
Rio	Folyó
Temporada	Évszak

Piratas
Kalózok

Aventura	Kaland
Âncora	Horgony
Bússola	Iránytű
Capitão	Kapitány
Caverna	Barlang
Cicatriz	Heg
Espada	Kard
Ilha	Sziget
Lenda	Legenda
Mapa	Térkép
Mau	Rossz
Moedas	Érmék
Oceano	Óceán
Ouro	Arany
Papagaio	Papagáj
Perigo	Veszély
Praia	Strand
Rum	Rum
Tesouro	Kincs
Tripulação	Legénység

Plantas
Növények

Arbusto	Bokor
Árvore	Fa
Baga	Bogyó
Bambu	Bambusz
Botânica	Botanika
Cacto	Kaktusz
Erva	Gyógynövény
Feijão	Bab
Fertilizante	Trágya
Flor	Virág
Flora	Növényvilág
Floresta	Erdő
Folhagem	Lombozat
Grama	Fű
Hera	Borostyán
Jardim	Kert
Musgo	Moha
Pétala	Szirom
Raiz	Gyökér
Vegetação	Növényzet

Praia
Strand

Areia	Homok
Azul	Kék
Barco	Hajó
Caranguejo	Rák
Costa	Part
Doca	Dokk
Guarda-Chuva	Esernyő
Ilha	Sziget
Lagoa	Lagúna
Mar	Tenger
Oceano	Óceán
Recife	Zátony
Sandálias	Szandál
Sol	Nap
Toalha	Törülköző
Veleiro	Vitorlás

Preencher
Töltse Ki

Balde	Vödör
Bandeja	Tálca
Barril	Hordó
Bolso	Zseb
Caixa	Doboz
Cesta	Kosár
Envelope	Boríték
Garrafa	Üveg
Gaveta	Fiók
Jar	Korsó
Mala	Bőrönd
Navio	Hajó
Pacote	Csomag
Pasta	Mappa
Saco	Táska
Tubo	Cső
Vaso	Váza

Profissões #1
Foglalkozások #1

Advogado	Ügyvéd
Alfaiate	Szabó
Artista	Művész
Astrônomo	Csillagász
Banqueiro	Bankár
Bombeiro	Tűzoltó
Caçador	Vadász
Cartógrafo	Térképész
Cientista	Tudós
Dançarino	Táncos
Editor	Szerkesztő
Embaixador	Nagykövet
Enfermeira	Ápoló
Geólogo	Geológus
Joalheiro	Ékszerész
Marinheiro	Tengerész
Músico	Zenész
Pianista	Zongorista
Psicólogo	Pszichológus
Veterinário	Állatorvos

Profissões #2
Foglalkozások #2

Agricultor	Gazda
Astronauta	Űrhajós
Bibliotecário	Könyvtáros
Biólogo	Biológus
Cirurgião	Sebész
Dentista	Fogorvos
Engenheiro	Mérnök
Filósofo	Filozófus
Fotógrafo	Fotós
Ilustrador	Illusztrátor
Inventor	Feltaláló
Investigador	Kutató
Jardineiro	Kertész
Jornalista	Újságíró
Linguista	Nyelvész
Médico	Orvos
Piloto	Pilóta
Pintor	Festő
Professor	Tanár
Zoólogo	Zoológus

Restaurante # 2
Étterem #2

Almoço	Ebéd
Aperitivo	Előétel
Água	Víz
Bebida	Ital
Bolo	Torta
Cadeira	Szék
Colher	Kanál
Delicioso	Finom
Especiarias	Fűszerek
Fruta	Gyümölcs
Garçom	Pincér
Garfo	Villa
Gelo	Jég
Jantar	Vacsora
Legumes	Zöldségek
Macarrão	Tészta
Peixe	Hal
Sal	Só
Salada	Saláta
Sopa	Leves

Restaurante #1
Étterem #1

Alergia	Allergia
Café	Kávé
Caixa	Pénztáros
Carne	Hús
Comer	Enni
Cozinha	Konyha
Faca	Kés
Frango	Csirke
Garçonete	Pincérnő
Guardanapo	Szalvéta
Ingredientes	Összetevők
Menu	Menü
Molho	Szósz
Pão	Kenyér
Picante	Fűszeres
Placa	Tányér
Reserva	Foglalás
Sobremesa	Desszert
Tigela	Tál

Roupas
Ruházat

Avental	Kötény
Blusa	Blúz
Calça	Nadrág
Camisa	Ing
Casaco	Kabát
Chapéu	Kalap
Cinto	Öv
Colar	Nyaklánc
Jaqueta	Dzseki
Jeans	Farmer
Luvas	Kesztyű
Meias	Zokni
Moda	Divat
Pijama	Pizsama
Pulseira	Karkötő
Saia	Szoknya
Sandálias	Szandál
Sapato	Cipő
Suéter	Pulóver
Vestido	Ruha

Sons
Hangok

Alto	Hangos
Apito	Síp
Aplaudir	Taps
Concerto	Koncert
Coro	Kórus
Eco	Visszhang
Gemer	Nyögés
Repetitivo	Ismétlődő
Ressonante	Rezonáns
Riso	Nevetés
Ruidoso	Zajos
Sino	Harang
Sirenes	Szirénák
Sussurrar	Suttogás
Tosse	Köhögés
Vibração	Rezgés
Vozes	Hangok

Tecnologia
Technológia

Arquivo	Fájl
Blog	Blog
Bytes	Bájt
Câmera	Kamera
Computador	Számítógép
Cursor	Kurzor
Dados	Adat
Digital	Digitális
Estatísticas	Statisztika
Fonte	Betűtípus
Internet	Internet
Mensagem	Üzenet
Navegador	Böngésző
Pesquisa	Kutatás
Segurança	Biztonság
Software	Szoftver
Tela	Képernyő
Virtual	Virtuális
Vírus	Vírus

Tempo
Idő

Agora	Most
Ano	Év
Antes	Előtt
Anual	Éves
Calendário	Naptár
Década	Évtized
Dia	Nap
Futuro	Jövő
Hoje	Ma
Hora	Óra
Manhã	Reggel
Meio-Dia	Dél
Mês	Hónap
Minuto	Perc
Momento	Pillanat
Noite	Éjszaka
Ontem	Tegnap
Passado	Múlt
Semana	Hét
Século	Század

Tipos de Cabelo
Haj Típusok

Branco	Fehér
Brilhante	Fényes
Cachos	Fürtök
Careca	Kopasz
Cinza	Szürke
Colori	Színes
Encaracolado	Göndör
Fino	Vékony
Grosso	Vastag
Loiro	Szőke
Longo	Hosszú
Marrom	Barna
Ondulado	Hullámos
Prata	Ezüst
Preto	Fekete
Saudável	Egészséges
Seco	Száraz
Suave	Puha
Trançado	Fonott
Tranças	Zsinór

Vegetais
Zöldségfélék

Abóbora	Tök
Aipo	Zeller
Alcachofra	Articsóka
Alho	Fokhagyma
Batata	Burgonya
Beringela	Padlizsán
Brócolis	Brokkoli
Cebola	Hagyma
Cenoura	Sárgarépa
Chalota	Mogyoróhagyma
Cogumelo	Gomba
Ervilha	Borsó
Espinafre	Spenót
Gengibre	Gyömbér
Nabo	Fehérrépa
Pepino	Uborka
Rabanete	Retek
Salada	Saláta
Salsa	Petrezselyem
Tomate	Paradicsom

Veículos
Járművek

Ambulância	Mentőautó
Avião	Repülőgép
Balsa	Komp
Barco	Hajó
Bicicleta	Kerékpár
Caminhão	Kamion
Caravana	Lakókocsi
Carro	Autó
Foguete	Rakéta
Furgão	Furgon
Helicóptero	Helikopter
Jangada	Tutaj
Lambreta	Robogó
Metrô	Metró
Motor	Motor
Ônibus	Busz
Pneus	Gumik
Táxi	Taxi
Trator	Traktor

Verão
Nyár

Acampamento	Kemping
Alegria	Öröm
Amigos	Barátok
Casa	Otthon
Estrelas	Csillagok
Família	Család
Jardim	Kert
Jogos	Játékok
Lazer	Szabadidő
Livros	Könyvek
Mar	Tenger
Mergulho	Búvárkodás
Música	Zene
Praia	Strand
Relaxamento	Kikapcsolódás
Sandálias	Szandál
Viagem	Utazás

Virtudes #1
Erények #1

Apaixonado	Szenvedélyes
Artístico	Művészi
Bom	Jó
Confiante	Magabiztos
Curioso	Kíváncsi
Decisivo	Döntő
Eficiente	Hatékony
Encantador	Bájos
Engraçado	Vicces
Generoso	Nagylelkű
Independente	Független
Inteligente	Intelligens
Limpo	Tiszta
Modesto	Szerény
Paciente	Beteg
Prático	Gyakorlati
Sábio	Bölcs
Útil	Hasznos

Xadrez
Sakk

Aprender	Tanulni
Branco	Fehér
Campeão	Bajnok
Concurso	Verseny
Desafios	Kihívások
Diagonal	Átlós
Estratégia	Stratégia
Jogador	Játékos
Jogo	Játék
Oponente	Ellenfél
Passivo	Passzív
Pontos	Pontok
Preto	Fekete
Rainha	Királynő
Regras	Szabályok
Rei	Király
Sacrifício	Áldozat
Tempo	Idő
Torneio	Torna

Parabéns

Conseguiu!

Esperamos que tenha gostado tanto deste livro como nós gostamos de o desenhar. Esforçamo-nos por criar livros da mais alta qualidade possível.
Esta edição foi concebida para proporcionar uma aprendizagem inteligente, de qualidade e divertida!

Gostou deste livro?

Um simples pedido

Estes livros existem graças às críticas que publica.
Pode ajudar-nos, deixando agora uma revisão?

Aqui está um pequeno link para
a sua página de revisão:

BestBooksActivity.com/Avaliacoes50

DESAFIO FINAL!

Desafio n° 1

Está pronto para o seu jogo grátis? Usamo-los a toda a hora, mas não são tão fáceis de encontrar - aqui estão os **Sinônimos!**
Escreva 5 palavras que encontrou nos puzzles (n° 21, n° 36, n° 76) e tente encontrar 2 sinónimos para cada palavra.

Escreva 5 palavras de **Puzzle 21**

Palavras	Sinônimo 1	Sinônimo 2

Escreva 5 palavras de **Puzzle 36**

Palavras	Sinônimo 1	Sinônimo 2

Escreva 5 palavras de **Puzzle 76**

Palavras	Sinônimo 1	Sinônimo 2

Desafio n° 2

Agora que já aqueceu, escreva 5 palavras que encontrou nos Puzzles (n° 9, n° 17 e n° 25) e tente encontrar 2 antônimos para cada palavra. Quantos se podem encontrar em 20 minutos?

Escreva 5 palavras de **Puzzle 9**

Palavras	Antônimo 1	Antônimo 2

Escreva 5 palavras de **Puzzle 17**

Palavras	Antônimo 1	Antônimo 2

Escreva 5 palavras de **Puzzle 25**

Palavras	Antônimo 1	Antônimo 2

Desafio n° 3

Óptimo! Este desafio final não é nada para si.

Pronto para o desafio final? Escolha 10 palavras que tenha descoberto nos diferentes puzzles e escreva-as abaixo.

1.	6.
2.	7.
3.	8.
4.	9.
5.	10.

Agora escreva um texto a pensar numa pessoa, num animal ou num lugar de seu agrado.

Pode utilizar a última página deste livro como um rascunho.

A Sua Composição:

CADERNO DE NOTAS:

ATÉ BREVE!

A equipa Inteira